Alexander Kamenski

Theoretisierung der Photographie

Alexander Kamenski

Theoretisierung der Photographie

Konstitutive Wesensmerkmale des photographischen Bildes anhand der Theorien von Walter Benjamin, Roland Barthes und Charles Peirce

Tectum Verlag

Alexander Kamenski

Theoretisierung der Photographie
Konstitutive Wesensmerkmale des photographischen Bildes anhand der Theorien von Walter Benjamin, Roland Barthes und Charles Peirce

ISBN: 978-3-8288-2913-8

Umschlagabbildung: Fotografie des Autors
Printed in Germany

Besuchen Sie uns im Internet
www.tectum-verlag.de

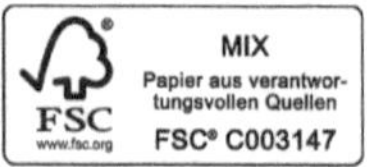

Bibliografische Informationen der Deutschen Nationalbibliothek
Die Deutsche Nationalbibliothek verzeichnet diese Publikation in der Deutschen Nationalbibliografie; detaillierte bibliografische Angaben sind im Internet über http://dnb.ddb.de abrufbar.

INHALTSVERZEICHNIS

Der Sehnsucht.

Sie hat das Verfassen dieser Arbeit erschwert,

letztendlich aber beschleunigt.

1 Einleitung

In den folgenden Kapiteln werden die Relevanz des Themas „Photographie" für die Kommunikationswissenschaft, das Forschungsinteresse und der Aufbau der Arbeit erläutert.

1.1 Relevanz des Themas

Was vor rund 170 Jahren als teurer und aufwändiger Zeitvertreib für eine wohlhabende, technikaffine Elite begann, hat sich heute zu einem nicht mehr wegzudenkenden Bestandteil aller Lebensbereiche entwickelt: die Photographie. Man begegnet ihr im privaten und öffentlichen Raum, in Photoalben, Zeitungen, Zeitschriften, auf Plakatwänden, Infoscreens, Postkarten, und - in einer bis dato unbekannten Fülle - im Internet. Das Photo - so schrieb Susan Sontag noch vor der Verlagerung der Bildflüsse in den Cyberspace - vermittelt den größten Teil der Kenntnisse, „(...) die der Mensch vom Erscheinungsbild der Vergangenheit und von der Spannweite der Gegenwart besitzt" (vgl. Sontag 1977: 278). Es herrscht eine Sucht nach Bestätigung der Realität und Erweiterung des eigenen Erfahrungshorizontes durch Photos (vgl. Sontag 1977: 301). Walter Benjamin sah in der Photographie das erste wirklich revolutionäre Reproduktionsmittel (vgl. Benjamin 1963b: 17), Schmoll das soziologisch bedeutungsvollste Bildwesen, ein selbstverständliches Bild- und Bildungsmittel, das Einfluss auf die Umwertung des Sehens genommen hat (vgl. Schmoll 1955: 32 und Schmoll 1959: 34). Man muss nicht soweit gehen und von der „Totalherrschaft des Photobildes" (Schmoll 1955: 17) sprechen, doch Bilder sind in unserer Zivilisation allgegenwärtig (vgl. Böhme 2004: 7). Viele Autoren sprechen von einer regelrechten Bilderflut (z.B. Barthes 1989: 25 und 87, Flusser 2006: 60, Doelker 2002: 11ff., Müller/Knieper 2000: 3). Als Hauptquelle dafür gilt die Photographie (vgl. Phillips 2002: 291). Das Photo, in all seinen Erscheinungsformen, ist zu einem essentiellen Medium der Information und Kommunikation geworden (vgl. Swinnen 2007: 287).

Photos werden häufig in kommunikativen Zusammenhängen verwendet, um Bedeutungen zu übermitteln. Sie zählen zu den von der visuellen Kommunikationsforschung untersuchten visuellen Phänomenen. Somit ist eine kommunikationswissenschaftliche Beschäftigung mit Photographie möglich. Sie steht zwar etwas außerhalb des eigentlichen Kernbereichs und beschäftigt aufgrund ihrer Heterogenität unterschiedliche Disziplinen, doch kann die Photographie von der visuellen Kommunikationsforschung, einem „Querschnittsfach par excellence", gut erforscht werden. Der Forschungsbereich ist hochaktuell, denn Bilder verändern unsere Realität und beeinflussen unsere Selbstwahrnehmung (vgl. Müller 2003: 9ff).

Textuelle und visuelle Kommunikation sind gleichermaßen Forschungsgegenstand der Kommunikationswissenschaft, haben jedoch unterschiedliche Funktionsweisen. Beide wurden und werden zwar erforscht, doch der Erforschung der textuellen Kommunikation wurde bisher mehr Beachtung geschenkt. Einer der größten Unterschiede dieser beiden Systeme ist, dass Photographie - im Gegensatz zur Sprache - Sachverhalte fast unvermittelt wiedergeben kann (vgl. Gratton 1996: 363). Während die Sprache das eigentliche Gebiet der Linguistik ist, sieht Müller in der Beschäftigung mit visueller Kommunikation einen originär kommunikationswissenschaftlichen Bereich, obschon interdisziplinär relevant. Damit es nicht zu einem als „Anikonismus" bezeichneten bildlichen Analphabetismus kommt, müssen sich die Forschungsschwerpunkte etwas verlagern. Hier ist sowohl die visuelle Kommunikationsforschung als auch die Medienpädagogik gefragt (vgl. Müller/Knieper 2000: 2f).

Craig sieht diese Notwendigkeit allgemein, denn: *„One of the most important skills of humankind is visual communication."* Diesen Fähigkeiten wird im Rahmen der Schulbildung bislang nur eine untergeordnete Rolle zuteil. Das Lehren visueller Kompetenzen ist umso wichtiger, zumal Bilder, deren Erzeugung und Verbreitung, mit Macht verbunden waren und sind. Visuelle Kommunikationsforschung ist eine Herausforderung und kann nur interdisziplinär erfolgen: Das Lehren visueller Kompetenzen bedeutet zugleich ein Lehren von Geschichte, Psychologie, Wahrnehmungstheorien und Bildethik. Intensiver Forschung bedürfen all jene Bereiche der Massenkommunikation, in welchen der Prozess der Visualisierung vorkommt, d.h. Photographie, Graphikdesign, Internet etc. Ein Anliegen der visuellen Kommunikationsforschung ist es, das Verständnis des Visuellen in all seinen Dimensionen zu verbessern (vgl. Craig 2000: 4).

Die Relevanz der Photographie, in quantitativer als auch in qualitativer Hinsicht, ist unumstritten. Ebenso unstrittig ist die Photographie als Forschungsbereich der Kommunikationswissenschaft. Meist empirisch orientiert, benötigt sie dennoch theoretische Grundlagen. Worin diesbezüglich das Interesse dieser Arbeit liegt, soll im Folgenden erklärt werden.

1.2 Forschungsinteresse

Die Photographie ist nicht zuletzt aufgrund technischer Entwicklungen (z.B. Digitalisierung) immer stärker in massenkommunikative und somit kommunikationswissenschaftliche Bereiche gerückt. Die visuelle Kommunikationsforschung[1], die sich innerhalb der Kommunikationswissenschaft mit visuellen Phänomenen befasst, gliedert sich nach Müller in die klassischen empirischen Bereiche Produktionsanalyse, Produktanalyse und Wirkungsanalyse von Bildern (vgl. Müller 2003: 15). Theorie und Grundlagenforschung wird im Bereich dieser Disziplin leider weniger Aufmerksamkeit zuteil. Die empirische Forschung benötigt theoretische Grundlagen, an denen sie sich orientieren kann. Zu diesen Grundlagen zählen die konstitutiven Merkmale des photographischen Bildes, die nach Schelske von den Sozialwissenschaften meist als unbefragte Voraussetzung hingenommen werden (vgl. Schelske 2005: 257). Das Forschungsinteresse der vorliegenden Arbeit gilt den konstitutiven Wesensmerkmalen des photographischen Bildes. Da es sich bei der Photographie um ein interdisziplinär relevantes Phänomen handelt, ist es nahe liegend, auch in anderen wissenschaftlichen Disziplinen nach ihrer Theoretisierung Ausschau zu halten. Die Photographie und die Photographietheorie stehen nämlich mit weiteren Theoriefeldern, z.B.: Philosophie, Soziologie, Semiotik und Medientheorie, in einem Wechselverhältnis (vgl. Stiegler 2006: 11). Eine einheitliche Photographietheorie fehlt zwar, dafür gibt es eine „unüberschaubare Vielfalt von Texten und Ansätzen aus unterschiedlichsten Disziplinen" (vgl. Stiegler 2010: 10ff). Dies ist durchaus positiv zu sehen, da die wissenschaftliche Erforschung von Bildern, respektive Photos, eine dezidiert interdisziplinäre Herangehensweise erfordert (vgl. Sachs-Hombach 2006: 11). Wie in dieser unüberschaubaren Vielfalt die kommunikationswissenschaftlich relevanten, konstitutiven Wesensmerkmale des photographischen Bildes erforscht werden sollen, wird in Kapitel 2 erläutert.

1.3 Aufbau der Arbeit

Im folgenden Kapitel wird das Forschungsdesign (Forschungsziel, Forschungsfragen und Methodenwahl) präsentiert. Im dritten Kapitel werden über Linguistic Turn und Iconic Turn die steigende Relevanz des Bildhaften und die scheinbar konkurrierenden Kommunikationsmedien dieser beiden Wenden, Sprache und Bild, erläutert. Im vierten Kapitel wird die Bedeutung des für die Kom-

---

1 Ausführlicher dazu im gleichnamigen Kapitel weiter unten.

munikationswissenschaft wichtigsten Bildes, des Photos, und der sich damit befassende Fachbereich, die visuelle Kommunikationsforschung, vorgestellt. Danach wird auf das Photo als Bildkategorie und als Medium sowie das Photo in Kommunikationsprozessen eingegangen, um die Relevanz für die Kommunikationswissenschaft deutlich zu machen. Im fünften Kapitel werden ausgehend von den Theorien von Walter Benjamin, Roland Barthes und Charles Peirce die kommunikationswissenschaftlich relevanten, aber noch nicht erforschten konstitutiven Wesensmerkmale des photographischen Bildes erarbeitet. Dabei wird auch die Digitalisierung beachtet, eine technische Neuerung, die für die Kommunikationswissenschaft und deren Forschungsobjekt weitreichende Konsequenzen hat, um so die Verbindung von klassischen Theorien zu aktuellen Entwicklungen zu schaffen. Abschließend werden die konstitutiven Wesensmerkmale in übersichtlicher Form dargestellt. Im letzten Kapitel wird die Arbeit resümiert.

2 Forschungsdesign

In den folgenden Unterkapiteln werden das Forschungsziel dieser Arbeit, die Forschungsfragen und die gewählte Methode erläutert.

2.1 Forschungsziel

Wie bereits in der Einleitung erwähnt, werden die konstitutiven Merkmale von Bildern von den Sozialwissenschaften meist als unbefragte Voraussetzung hingenommen (vgl. Schelske 2005: 257). Das Forschungsziel dieser Arbeit ist das Herausarbeiten der konstitutiven Wesensmerkmale des photographischen Bildes, der für die Kommunikationswissenschaft bedeutendsten Bildkategorie, anhand dreier klassischer phototheoretischer Positionen.

Die Wahl fiel auf Walter Benjamin, Roland Barthes und Charles Peirce. Sie haben die Photographie aus unterschiedlichen Perspektiven betrachtet. Die Werke von Walter Benjamin und Roland Barthes zählen zu den einflussreichsten Photographietheorien (vgl. Stiegler 2006: 11) und den meistzitierten Texten der Photographietheorie des 20. Jahrhunderts (vgl. Stiegler 2006: 341). Der Medientheoretiker Walter Benjamin leistete zudem einen der wichtigsten Beiträge zur Multiplizität der Photographie (vgl. Geimer 2009: 146), ein Faktum, das besonders im Zeitalter der massenhaften Verbreitung von Photos über das Internet und deren Vorhandensein in Photo-Datenbanken (Stockphotography) für die Kommunikationswissenschaft von Bedeutung ist. Roland Barthes beschäftigte sich in seinen Texten mit den für die Pressephotographie wichtigen Einflussfaktoren und subjektiven Momenten der Photographie. Der Semiotiker Charles Peirce gilt als Begründer der indexikalisch-ikonischen Sichtweise der Photographie, die auch heute noch für ihre Glaubhaftigkeit und ihren Wahrheitsgehalt (vgl. Sachs-Hombach 2005b: 38), gerade im Photojournalismus, relevant ist.

Ausgehend von diesen Standardwerken zur Theorie der Photographie sowie unter Einbezug weiterer, aktueller phototheoretischer Werke und Aufsätze sollen die konstitutiven Merkmale des Photos erforscht werden. Dabei wird die Kommunikationswissenschaft ebenso berücksichtigt wie, um ihrem Ruf einer interdisziplinären Sozialwissenschaft gerecht zu werden, andere wissenschaftliche Disziplinen, die sich mit Photographie beschäftigen (z.B. Philosophie, Soziologie oder Semiotik). Die interdisziplinäre Beschäftigung mit Photographie ist nach Baetens (2007: 68) nämlich ein Indikator dafür, dass sich die Bedeutung eines Photos nicht so leicht erschöpft.

2.2 Forschungsfragen

Da es sich hierbei um Grundlagenforschung handelt und auf diesem Gebiet noch recht wenig Material vorhanden ist, werden die Forschungsfragen schon zu Beginn der Arbeit vorgestellt. An ihnen orientiert sich die daran anschließende Forschung. Diese soll eine solide Basis für weiterführende Untersuchungen bilden.

Die Forschungsfragen, anhand derer die gewählten Werke durchforscht werden, sind:

FF1: Welche Aspekte der Photographie werden von Walter Benjamin, Roland Barthes und Charles Peirce theoretisiert?

FF2: Welche konstitutiven Merkmale des photographischen Bildes lassen sich in den Theorien von Walter Benjamin, Roland Barthes und Charles Peirce ausmachen?

FF3: Lassen sich die von Walter Benjamin, Roland Barthes und Charles Peirce theoretisierten konstitutiven Merkmale des photographischen Bildes widerspruchsfrei zu einem Gesamtbild der Photographie vereinen?

Da die gewählten Autoren verschiedenen Disziplinen entstammen (Semiotik, Medientheorie, Philosophie) und folglich einen unterschiedlichen Blick auf die Photographie haben, soll zunächst nach den zentralen Gedanken in ihren Werken gefragt werden (FF1). In weiterer Folge soll untersucht werden, ob sich aus den verschiedenen theoretischen Überlegungen übergeordnete konstitutive Merkmale ergeben (FF2). Danach wird nach einer möglichen einheitlichen Darstellung dieser Merkmale gefragt, um so die Photographie als visuelles Phänomen aufgrund ihrer konstitutiven Merkmale für die Kommunikationswissenschaft fassbar zu machen (FF3).

2.3 Methodenwahl

Als Forschungsmethode wurde die Literaturstudie gewählt. Die folgenden Werke[2] wurden anhand der oben angeführten Forschungsfragen durchforscht:

Roland Barthes:

- Die Fotografie als Botschaft
- Rhetorik des Bildes
- Die helle Kammer

Walter Benjamin:

- Das Kunstwerk im Zeitalter seiner technischen Reproduzierbarkeit
- Kleine Geschichte der Photographie

Charles S. Peirce:

- Eine neue Liste der Kategorien
- Die Kunst des Räsonierens.
- Minutiöse Logik. Aus den Entwürfen zu einer Logik.
- Dritte Vorlesung über den Pragmatismus: Die Verteidigung der Kategorien.

In Kapitel 5.1 (bzw. Unterkapiteln) wird jeweils der Forschungsfrage FF1 „Welche Aspekte der Photographie werden von Walter Benjamin, Roland Barthes und Charles Peirce theoretisiert?" nachgegangen.

In Kapitel 5.2 (bzw. Unterkapiteln) wird der Forschungsfrage FF2 „Welche konstitutiven Merkmale des photographischen Bildes lassen sich in den Theorien von Walter Benjamin, Roland Barthes und Charles Peirce ausmachen?" nachgegangen. Hier werden die theoretisierten Aspekte zu möglichen übergeordneten, konstitutiven Wesensmerkmalen zusammengefasst.

---

2 Die genauen Angaben (Jahr, Ort etc.) finden sich im Literaturverzeichnis am Ende dieser Arbeit.

Abschließend wird der Versuch unternommen, die von Walter Benjamin, Roland Barthes und Charles Peirce theoretisierten konstitutiven Merkmale des photographischen Bildes zusammenzuführen, um die Forschungsfrage FF3 „Lassen sich die von Walter Benjamin, Roland Barthes und Charles Peirce theoretisierten konstitutiven Merkmale des photographischen Bildes widerspruchsfrei zu einem Gesamtbild der Photographie vereinen?" zu beantworten.

Bevor mit diesem komplexen Unterfangen begonnen werden kann, wird auf die durch den Iconic Turn gekennzeichnete zunehmende Relevanz des photographischen Bildes - auch im Vergleich zum Text - und danach auf die Bedeutung und Verwendung der Photographie innerhalb der Kommunikationswissenschaft eingegangen.

3 Die photographische Dominanz des Bildhaften - Der Iconic Turn als letzte Wende?

Die Photographie, insbesondere die digitale Photographie, steht am Ende der Entwicklungsgeschichte der technischen Bilder. Technische Veränderungen haben in den letzten Jahrzehnten zu einer rasanten Vermehrung von Photos und anderen bildlichen Phänomenen geführt, die in Kommunikationszusammenhängen Verwendung finden. Ein Umdenken innerhalb der sich damit befassenden Wissenschaften war erforderlich. Dieses Umdenken bzw. die Forderung dazu wird als der Iconic Turn bezeichnet, die Wende zum Visuellen, die maßgeblich von der Photographie beeinflusst wurde. Oft verglichen mit dem Linguistic Turn, einer Sicht der Welt als Text, unterscheidet er sich aber von diesem. In den folgenden Kapiteln wird erläutert, ob und inwiefern der Iconic Turn in der Tradition des Linguistic Turn gesehen werden kann und welche Konsequenzen die geforderte Hinwendung zum Visuellen hat. Danach werden die häufig koexistenten Kommunikationsmedien des Linguistic bzw. Iconic Turn - Sprache/Text bzw. Bilder - vorgestellt, sowie ihre Spezifika und Kombinationsmöglichkeiten.

Der Iconic Turn wird oft als Fortführer der Tradition des Linguistic Turn gesehen: Eine Wende, die sich zuvor anhand der Sprache vollzog, greift nun auf das Visuelle über. Diese Sicht ist stark vereinfachend und nicht im Sinne des Erfinders. Neben dem Iconic Turn gab es auch den Pictorial Turn und den Visualistic Turn, um nur einige zu nennen. „Diese inflationäre Rede von allen möglichen „turns" erweckt den Eindruck, als unterschieden sich diese vielen Wendungen nur in ihren jeweiligen Zielsetzungen, denn es soll ja in jedem Fall eine theoretische Neuorientierung stattfinden, nur einmal in diese Richtung, dann wieder in jene." (Lüdeking 2005: 122 f.). Lüdeking ist zuzustimmen, denn die theoretische Neuorientierung ist in der Tat das entscheidende Merkmal all dieser „Turns". Der Lingusitic Turn unterscheidet sich jedoch stark von allen auf das Visuelle bezogenen „Turns". Bevor auf diese eingegangen wird und untersucht wird, inwiefern sich im Sinne eines Linguistic Turn überhaupt von einem Iconic Turn sprechen lässt, soll kurz erklärt werden, was der Linguistic Turn meint.

3.1 Linguistic Turn

Der Linguistic Turn vollzog sich in der Philosophie des 20. Jahrhunderts. Er war der Ausgangspunkt für die Betrachtung der Kultur als Text. Man ging davon aus, kulturelle Phänomene mittels linguistischer Methoden analysieren zu können (Frank 2009: 354). Der Begriff des Linguistic Turn wurde 1967 von dem amerikanischen Philosophen Richard Rorty geprägt. Rorty übernahm diesen Ausdruck allerdings von dem österreichischen Philosophen Gustav Bergmann, der in den Fünfzigerjahren einen Aufsatz zu diesem Thema verfasste. Er beschreibt darin, dass der Linguistic Turn schon mit Wittgensteins Tractatus eingeleitet wurde. Bergmanns Aufsatz wurde 1967 in einem von Rorty herausgegebenen Sammelband abgedruckt, der den Titel „The Linguistic Turn" erhielt und dieses Schlagwort populär machte (vgl. Lüdeking 2005: 122f).

Um beurteilen zu können, was ein „Turn" im Bereich des Bildhaften meinen kann und ob es überhaupt berechtigt ist, davon zu sprechen, ist es zunächst sinnvoll, dies anhand des Linguistic Turn etwas näher zu erläutern (vgl. im Folgenden Sachs-Hombach 2009: 8ff).

Einerseits kann der Linguistic Turn als ein methodisches Programm verstanden werden, das die Sprachanalyse zum Paradigma von Forschungen macht. In der Philosophie (die den Linguistic Turn begründete) bedeutet dies, dass viele philosophische Probleme als Sprachprobleme verstanden und folglich sprachanalytisch gelöst werden können. Die Erkenntnisse aller Wissenschaften werden fast ausschließlich sprachlich formuliert. Da es sich bei Sprache aber nicht um ein neutrales Ausdrucksmedium handelt, ist die durch den Linguistic Turn hervorgerufene sprachanalytische Neuorientierung auch in anderen Fächern relevant, um die aus sprachlichen Unklarheiten resultierenden Probleme lösen zu können.

Andererseits kann der Linguistic Turn aber auch die Auffassung bezeichnen, gewissermaßen alles als Sprache zu betrachten und darin eine Systematik - vergleichbar der von Alphabet oder Grammatik - zu sehen. Sprache ist so als inhaltliches, strukturierendes Modell zu verstehen, anhand dessen Phänomene untersucht werden können, die bis dahin nicht als Sprache im eigentlichen Sinn gegolten haben.

Ausgehend von diesen Merkmalen lässt sich beim Iconic Turn nicht von einer dem Linguistic Turn vergleichbaren fundamentalen Wende sprechen. Es ist es schwer vorstellbar, dass Bilder eine ähnliche Rolle wie Sprache übernehmen, obschon ihnen in unterschiedlichen Kommunikationszusammenhängen große Bedeutung zukommt. Außerdem treten Bilder fast immer gemeinsam mit Sprache auf und sind daher in ihrer Bedeutung relativierbar. Interpretiert man den „Turn" aber ganz allgemein als Bezeichnung für Phänomene, die im menschlichen Dasein eine fundamentale und konstitutive Bedeutung erlangt haben, so hat diese Formulierung im Bereich des Bildhaften durchaus seine Berechtigung.

3.2 Iconic Turn

Mit Iconic Turn oder anderen, oft synonym gebrauchten Ausdrücken wie Visual, Visualistic, Imagic oder Pictorial turn, sind die steigende Verwendung, Verbreitung und Bedeutung bildlicher Phänomene und das damit einhergehende (bzw. geforderte) wissenschaftliche Interesse gemeint. Dies betrifft sowohl traditionelle Bildformen, die mit der Höhlenmalerei ihren Anfang genommen haben (Malerei, Graphik etc.) als auch Bildmedien neueren Datums wie Photographie, Film und Fernsehen. Die Erzeugung und Verarbeitung digitaler Bilder hat diesen Prozess entscheidend mitgeprägt. Die Relevanz all dieser Tatsachen, die Relevanz von Bildern in Kommunikationsprozessen und die damit einhergehenden Bedeutungs- und Einflussmöglichkeiten, ist schon seit längerer Zeit bekannt und steht außer Zweifel. Die Formulierung eines Turn, eines Wandels, betrifft aber nun vor allem das wissenschaftliche Selbstverständnis: Die Akzeptanz der „Unhintergehbarkeit des Bildhaften" (vgl. Sachs-Hombach 2006: 9f).

Kulturelle Veränderungen bezüglich der Verwendung von Bild und Text haben W.J.T. Mitchell in den Achtzigerjahren zum Ausrufen des Pictorial Turn veranlasst. Über Erwin Panofskys Ikonologie versuchte er einen zeitgemäßen Zugang zur Bildverwendung zu finden. Der Begriff Iconic Turn wurde 1994 von Gottfried Boehm geprägt. Er ist zu einem Schlagwort geworden, um die Konjunktur des Bildes zu beschreiben. Dies entspricht nicht ganz der ursprünglichen Intention seines Erfinders, der damit in erster Linie den Eintritt des Bildes in wichtige philosophische Bereiche wie die Hermeneutik und die methodische Schärfung der dazu nötigen Analysemittel beschreiben wollte (vgl. Bredekamp 2004: 15f). „Der iconic turn wurde mit dem Anspruch ausgerufen, visuelle Felder der Gegenwart nicht nur zu begleiten, sondern im Sinne einer geduldig zu erarbeitenden ‚Logik der Bilder' zu analysieren." (Bredekamp 2004: 23).

Auch der Begründer des Pictorial Turn, W. J. T. Mitchell, will diesen Begriff nicht als bloßes Etikett für visuelle Medien missverstanden wissen. Der Ausdruck ist umfassender und stellt Begründer wie Verwender vor einige Herausforderungen hinsichtlich seiner Bedeutung (vgl. Mitchell 2009: 320f):

> 1. Das Visuelle in Reinform existiert praktisch nicht. Medien sind immer Mischungen von sensorischen und semiotischen Elementen - die sogenannten „visuellen Medien" bestehen selbst aus unterschiedlichen Kombinationen von Bild, Text, Sprache und Geräuschen.
>
> 2. Eine Wende zum Bildlichen ist nicht auf die Moderne bzw. die zeitgenössische visuelle Kultur beschränkt. Sie trat in der Geschichte mit jeder neuen Reproduktionstechnologie auf und ging mit sozialen, politischen und ästhetischen Veränderungen einher.
>
> 3. Diese Veränderungen waren oft mit Furcht verbunden und veranlassten zu einer Unterscheidung zwischen Wörtern und Bildern. Das Wort wurde dabei mit Lesekompetenz und Herrschaft, das Bild mit Aberglauben und Analphabetismus assoziiert.
>
> 4. Der Pictorial Turn kann als allgemeine Wende - analog zum Linguistic Turn - aufgefasst werden. Diese bezieht sich primär auf materielle Bilder, schließt nach Mitchell aber auch verbale Metaphern und Denkbilder ein.

Der von Mitchell ausgerufene Pictorial Turn soll also mehr sein als ein bloßes Schlagwort. Ausgehend von seiner an den Linguistic Turn angelehnten Bedeutung eines Paradigmenwechsels verweist er auf die Komplexität und Inkohärenz visueller Phänomene. Bild- und andere Wissenschaften müssen sich dessen bewusst sein und bei der Erforschung die unterschiedlichen Dimensionen berücksichtigen.

Linguistic Turn und Pictorial Turn können jedoch nicht miteinander gleichgesetzt werden. Der Linguistic Turn, so merkt Lüdeking kritisch an, definierte „(...) eine neue Methode, derer sich die Forschung in allen möglichen Gebieten bedienen konnte. Der pictorial turn besteht im Gegensatz dazu nur in der Hinwendung zu einem bestimmten Thema, mit dem man sich verstärkt beschäftigen sollte." Dabei geht es um die Bestimmung des Untersuchungsgegenstandes. Der Linguistic Turn hingegen propagierte eine Untersuchungsmethode für unterschiedliche Themen (vgl. Lüdeking 2005: 131).

Der Iconic Turn - als Überbegriff für die unterschiedlichen Wenden hin zum Visuellen - ist eine Formulierung in Anlehnung an den Linguistic Turn. Ausschlaggebend dafür waren die „rasante Vermehrung bildhafter Darstellungen und die damit verbundene bildmediale Durchdringung fast aller wichtigen Bereiche der Gesellschaft" (Sachs-Hombach 2009: 7). Der Iconic Turn wurde ausgerufen, „(...) um die ständig wachsende „Flut der Bilder" (...) begrifflich zu dämmen und um die Analysierbarkeit der Bilder in das Zentrum einer kritischen Philosophie der Gegenwart zu rücken." (Bredekamp 2004: 20).

Dennoch bestehen nach Frank unüberwindbare Unterschiede zwischen den beiden Systemen Bild und Sprache. „Hinter den leicht einzusehenden Vorbehalten gegen Ansätze, die Bilder wie eine Sprache linguistisch zu denken versuchen, verbirgt sich der sehr viel radikalere Einwand, dass die Bilder überhaupt nicht in der Sprache zu verstehen und semiotisch-zeichenhaft zu repräsentieren sind." (Frank 2009: 358). Hier geht es um das grundsätzliche Problem, ob visuellen Phänomenen - betrachtet als eigentümliche Bedeutungsträger und Vermittlungsinstanzen - mit Sprache beizukommen sei, da es sich bei dieser um ein eigenständiges Medium handelt. Ist es in der intersubjektiven wissenschaftlichen Sprache überhaupt möglich, über Bilder zu reden? Jede sprachliche Formulierung eines Bildes führt zu Bedeutungsverschiebungen, da sprachliche und bildliche Zeichen nicht ohne Veränderungen ineinander übersetzt werden können. Der Iconic Turn ist somit nicht nur in Anlehnung an den Linguistic Turn formuliert, sondern zugleich auch eine Kritik an ihm: „Der iconic turn, hierbei in der Nachfolge von Positionen der Dekonstruktion, stellt die Rolle der Sprache selbst grundlegend in Frage, wenn er den epistemischen Reichtum jenseits der Linguistik beschwört." (Frank 2009: 361). Die Sprache ist nicht mehr das alleinige Mittel des Erkenntnisgewinns. Neben ihr existiert der große Bereich des Visuellen, der Bilder, die ebenso mediales, semiotisches und epistemologisches Potential in sich tragen. Durch den Iconic Turn wird all diesen Phänomenen mehr Relevanz zugestanden und wissenschaftliche Beachtung zuteil.

Die Photographie ist eine „(...) langfristig wirksame Begründungsenergie des Iconic Turn, weil sie in ihrer nie zuvor da gewesenen Fülle an Bildern und Reproduktionen den Grundfragen des Ikonischen eine geradezu physisch spürbare Realität vermittelt hat." (Bredekamp 2004: 18). Die einfachen Produktions- und Distributionsmöglichkeiten der Photographie - zuletzt verstärkt durch die Digitalisierung und das Internet - führten zu einem Anstieg der Bilder. Die daraus resultierende Omnipräsenz zwang förmlich zu ihrer Beachtung.

Konsequenzen:

Die Verbreitung des Internet und die damit verbundene Möglichkeit, Bilder weltweit und rasch versenden zu können, waren Gründe, die technischen Bedingungen des Iconic Turn wissenschaftlich zu reflektieren (vgl. Bredekamp 2004: 21ff). Nicht zuletzt die technischen Entwicklungen der letzten Jahre haben dazu geführt, dass ein „weltumspannendes Netz der unbegrenzten Bildproduktion" entstanden ist. Bilder werden in fast allen Lebensbereichen verwendet, um Sachverhalte darzustellen oder Wissen zu vermitteln. Der große Vorteil im Vergleich zur Sprache besteht darin, dass Bilder kultur- und sprachübergreifend verstanden werden können, die notwendigen Kompetenzen natürlich vorausgesetzt. Mit der steigenden Zahl und Komplexität der Bilder steigen auch die Anforderungen an den Rezipienten. Das Lehren von Bildkompetenz hat aber (noch) nicht den nötigen Status erreicht, um vor allem die mit elektronischen Medien heranwachsenden Menschen mit den erforderlichen Fähigkeiten für den kritischen Umgang mit Bildern auszustatten. Die Bilderfülle des Iconic Turn bedeutet nicht, dass der Text dadurch abgelöst oder ersetzt wird. Bei Bildern handelt es sich um Kommunikationsmedien, die ihre Qualitäten erst im Bild-Text-Kontext vollends entfalten können. Mit Bildern lassen sich komplexe Sachverhalte in kompakter Form darstellen und schnell auffassen, doch nicht alle Informationen können durch das Bild vermittelt werden. An dieser Stelle hat der Text einzusetzen. Zum Kontext, Ausschnitt und zur digitalen Bearbeitung sind einerseits textuelle Ergänzungen erforderlich. Andererseits müssen Rezipienten über die Kompetenz verfügen, etwaige Manipulationen (in welcher Form auch immer; im Bild selbst oder im Kontext) erkennen zu können. Mit einem interdisziplinär gestalteten Lehrplan an Universitäten und Schulen lässt sich diese Herausforderung bewältigen (vgl. Maar 2006: 11f).

Bild und Wort sind keine konträren, sondern sich ergänzende Ausdrucksformen menschlicher Kommunikation. Bei beiden handelt es sich um Medien, um ein „(...) Vermittlungsphänomen, (...) über das unser Welt- und Selbstverständnis kommunikativ geprägt wird" (Sachs-Hombach/Schirra 2009: 399). So gesehen ist der Iconic Turn eine Erweiterung des Linguistic Turn zu einem Medial Turn, der die Wichtigkeit sämtlicher aus Sprache und Bildern bestehenden Medienkombinationen hervorhebt. Beide Kommunikationsformen werden als äquivalent betrachtet und in adäquater Weise wissenschaftlich erforscht, da man sich ihrer komplementären Bedeutung bewusst wurde (vgl. Sachs-Hombach/Schirra 2009: 399). Die Interdependenz von Sprach- und Bildkommunikation zeigt, dass auch „(...) der linguistic turn letztlich nur als ein medial turn sinnvoll konzipiert werden (kann)" (Sachs-Hombach/Schirra 2009: 424). Auf diese Interdependenz, auf das Verhältnis von Sprache und Bildern, wird im folgenden Kapitel eingegangen.

3.3 Das Sprachliche und das Bildhafte - Bild und Text im Vergleich

Wie im vorangegangenen Kapitel gezeigt wurde, sind der Linguistic Turn und der Iconic Turn keine aufeinander folgenden gegensätzlichen Strömungen, sondern können letztendlich nur zusammen, in Form eines aus Texten und Bildern bestehenden Medial Turn, sinnvoll konzipiert werden. Um dies verständlich zu machen, werden im folgenden Kapitel die Spezifika von Bild und Text sowie ihre möglichen gemeinsamen Verwendungsweisen dargestellt.

In modernen Mediengesellschaften besteht die Tendenz, jegliche Art von Information und gesellschaftlich relevanten Abläufen visuell zu vermitteln. Bilder und graphische Darstellungen erlauben in der Regel einfachere und schnellere Rezeption als Texte. Diese Tendenz hat jedoch zwei Seiten:

> „Dass Bilder so leicht verständlich scheinen, ohne es in vielen Fällen doch wirklich zu sein, macht die manipulative und ideologische Qualität ihres Gebrauchs aus. Die für den Laien nicht immer offensichtliche Komplexität von Bildverwendungen schließt aber nicht aus, dass zumindest einige Aspekte von Bildern in einem sehr viel höheren Maße als etwa die natürlichen Sprachen eine kulturübergreifende Rezeption erlauben." (Sachs-Hombach/Schirra 2009: 394).

Einerseits bieten Bilder in Kommunikationsprozessen Vorteile (interkulturell ähnliche und verständliche Bedeutung, übersichtliche Darstellung, schnellere Rezeption), andererseits lassen diese Vorteile leicht die Schwierigkeiten vergessen (hohe Komplexität, eigenständige Bedeutungsvermittlung, fehlende Kompetenz im Umgang mit Bildern).

Im Folgenden wird zuerst auf das von der Kommunikationswissenschaft weitaus häufiger beachtete Kommunikationsmedium Sprache/Text eingegangen. Danach erfolgt eine Gegenüberstellung von Sprache/Text und Bildern, um die spezifischen Verwendungsmöglichkeiten und Potentiale zu verdeutlichen.

3.3.1 Sprache/Text

Sprache und die verschriftlichte Form davon, Texte bzw. Wörter, sind die am häufigsten gebrauchten Medien zwischenmenschlicher Kommunikationsprozesse (vgl. Burkart 2002: 76). Die besonderen Merkmale der Sprache sind die Bezeichnungsleistung sowie die Verallgemeinerungs- und Abstraktionsmöglichkeiten. Mittels Sprache kann der Verwender sich auf sichtbare Objekte und Erscheinungen der Umwelt beziehen, aber auch auf materiell nichtexistente Sachverhalte und Vorstellungen (Gefühle, Werte etc.), auf Vergangenes und Zukünftiges. Dabei kommt es zu Verallgemeinerungen, da nicht für alles Wahrnehm- oder Bezeichenbare ein eigenes Wort existiert. Wörter haben zusätzlich die Fähigkeit zur Abstraktion. Sie beziehen sich nicht zwangsläufig auf etwas Konkretes, sondern können auch z.B. eine Klasse von Objekten meinen (vgl. Burkart 2002: 89f).

Eine weitere Besonderheit der menschlichen Sprache ist ihre Selbstreflexivität. Das bedeutet, dass Aussagen im System Sprache innerhalb dieses Systems mittels Sprache thematisiert werden können. Sprachliche Aussagen werden somit zum Gegenstand weiterer Aussagen. In der Kommunikationswissenschaft wird diesbezüglich zwischen Objektsprache und Metasprache unterschieden: Mittels Objektsprache lassen sich Aussagen über Gegenstände oder Verhältnisse machen. Objektsprachliche Sätze beziehen sich immer auf etwas Außersprachliches. Mit Metasprache werden Aussagen über objektsprachliche Sätze gemacht. Sie beziehen sich immer auf die Sprache selbst. Das selbstreflexive Potential der Sprache ist dann von entscheidender Bedeutung, wenn Probleme bei der Kommunikation auftreten. Die Kommunikation selbst wird zum Objekt kommunikativer Interaktion. In diesem Fall spricht man von Metakommunikation: Es wird über eine ablaufende oder stattgefundene Kommunikation kommuniziert, um Verständigungsprobleme zu lösen (vgl. Burkart 2002: 104ff).

Sprache, „das wichtigste aller Zeichensysteme" (Nöth 2000: 326), ist als Objekt wissenschaftlichen Erkenntnisinteresses nicht nur in der Kommunikationswissenschaft anzutreffen. „Sprachliche Zeichen, die Sprache als Zeichensystem und sprachliche Kommunikation als spezifischer Semioseprozess sind Themen par excellence der Allgemeinen Semiotik." (Nöth 2000: 323) Zu den Bestimmungsmerkmalen von Sprache zählen Konvention und Arbitrarität[3], die sie von nichtsprachlichen Zeichensystemen (wie z.B. Bildern) unterscheidet. Konventionalität findet sich auf semantischer und pragmatischer Ebene: Auf semantischer Ebene meint sie, dass die Bedeutung der sprachlichen Zeichen auf Übereinkunft zwischen Menschen beruht. Auf pragmatischer Ebene meint Konvention, dass die Verwendung einzelner Sprachzeichen und ihr Verhältnis zueinander bestimmten Regeln folgen. Dem Prinzip der Arbitrarität entsprechend, ist die Verbindung zwischen Zeichen und Bezeichnetem nicht natürlich oder motiviert begründet. Arbitrarität darf nicht mit Willkürlichkeit verwechselt werden, denn auch innerhalb der Sprache gibt es Motivation. So sind relativ arbiträre Wörter von absolut arbiträren Wörtern abgeleitet (z.B. Apfelbaum von Apfel) (vgl. Nöth 2000: 336ff).

Neben Sprache werden auch häufig Bilder als Kommunikationsmittel verwendet. Sie sind ähnlich komplex, doch weitaus seltener im Fokus wissenschaftlichen Erkenntnisinteresses. Auf das besondere Verhältnis von Bildern respektive Photos zu Texten wird im folgenden Kapitel eingegangen.

3.3.2 Bild und Text

Bei Bild und Text handelt es sich um zwei unterschiedliche Arten der Kommunikation. Unterschiede bestehen auch in der wissenschaftlichen Beschäftigung mit ihnen: Im Vergleich zu Texten sind visuelle Phänomene wie Bilder „an understudied field of communication research" (Müller 2007: 13). Der Vorwurf der „Vernachlässigung" betrifft aber nicht nur die Kommunikationswissenschaft, sondern gilt ganz allgemein für die Wissenschaft. Auf theoretischer Ebene ist dem Bild in den vergangenen Jahrhunderten weitaus weniger Beachtung geschenkt worden als dem Wort (vgl. Wolf 2006: 106).

Die meisten Formen visueller Kommunikation beinhalten auch andere Komponenten wie Text, Geräusche oder das gesprochene Wort. Besonders in massenmedialen Kommunikationsprozessen

---

3 Eine der umfangreichsten Aufzählungen der Bestimmungsmerkmale der Sprache gibt Hockett. Er erörtert 16 Merkmale, die für die menschliche Sprache im Vergleich zur „Sprache" der Tiere bestimmend sind. (Vgl. Nöth 2002: 331f). Andere Bestimmungsmerkmale finden im Kapitel zum Bild und Text Beachtung.

treten Bild und Text[4] gemeinsam auf. Das mag bei audiovisuellem Material wie Film und Video nicht verwundern, da die Sprache hier essentieller Bestandteil ist. Doch auch bei nicht-audiovisuellem Material wie Photos finden sich häufig Textbeigaben (Überschrift, Bildunterschrift, dazugehöriger Artikel in Print- und Onlinemedien). Insofern ist es schwierig, nur den visuellen Teil einer multimodalen Kommunikation gesondert zu untersuchen. Die Herangehensweise ist von Multidisziplinarität geprägt, wobei methodischer und theoretischer Input auch aus anderen Disziplinen kommt (u. a. Kunstgeschichte, Philosophie, Soziologie, Psychologie) (vgl. Müller 2007: 13ff).

Von der Kommunikation mit Texten unterscheidet sich die visuelle Kommunikation durch ihre assoziative Logik. Bei Texten liegt meist eine argumentative Logik vor. Text- und Bildkommunikation beziehen sich aufeinander und sind zum Teil sogar abhängig voneinander. Das häufige parallele Vorkommen beider Kommunikationsformen darf aber nicht darüber hinwegtäuschen, dass Bilder einem anderen Kommunikationsprinzip folgen. Diese Tatsache muss bei der Interpretation von Bildern berücksichtigt werden (vgl. Müller 2003: 22).

Eine von Sprache völlig unabhängige Existenz des Bildes ist schwer möglich. Für diese „Sprachdependenz des Bildverstehens" sprechen zwei Argumente: Erstens kommen Bilder sehr häufig in Bild-Text-Gefügen vor. Zweitens ist im Prozess des Verstehens und der Interpretation Sprache notwendig, da eine entsprechende Artikulation von Gedanken nicht in Bildern erfolgen kann. Die Wirkungsweisen dieser beiden Systeme sind auch unterschiedlich: Bilder wirken stärker affektiv-relational, Sprache eher kognitiv-begrifflich (vgl. Nöth 2000: 475f).

Texte sind wohl der wichtigste und häufigste Kontext von Bildern. Die Gemeinsamkeiten und Unterschiede zwischen Bildern und Sprache bestehen auf verschiedenen Ebenen (vgl. Nöth 2000: 481f):

1. Kognitive Verarbeitungen: Die Elemente eines Bildes werden holistisch und simultan wahrgenommen. Im Fall der Photographie erfolgt sogar die Produktion auf diese Weise. Bei Texten erfolgt sowohl die Produktion als auch die Rezeption linear. Die kognitive Verarbeitung von Bildern findet in der

---

4 Eine umfassende empirische Studie zur Wirkung und gegenseitigen Beeinflussung von Pressephotos und -texten bietet Hartmann. (Vgl. Hartmann 2009).

rechten Gehirnhälfte statt, die von Sprache in der linken. Bildliche Informationen werden schneller als sprachliche verarbeitet und bleiben auch länger im Gedächtnis.

2. Semiotische Struktur: Die Beziehung zwischen Zeichen und Bezeichnetem ist bei Bildern durch Ähnlichkeit bestimmt. Bei Sprache ist sie arbiträr, beruht auf Übereinkunft. Sprache lässt sich in kleinere Einheiten (Wörter und Buchstaben) zergliedern. Die Minimaleinheiten (Phoneme bzw. Grapheme) sind für sich genommen bedeutungsleer - die Bedeutung entsteht erst durch ihre Kombination. Bei Bildern ist eine solche Unterteilung nicht oder nur schwer möglich.

3. Semiotisches Potential:

- *Raum und Zeit:* Bilder eignen sich besser zur Verdinglichung von Räumlich-Visuellem. Mittels Sprache lassen sich Zeitpunkte, -räume und -verläufe besser darstellen.
- *Visuelles und Nichtvisuelles:* Bilder beziehen sich großteils auf Visuelles, mit Sprache lassen sich alle Sinneseindrücke beschreiben.
- *Konkret-Abstrakt:* Sprache kann beides repräsentieren, Bilder meist nur Konkretes.
- *Einzelnes und Allgemeines:* Sprache kann sich auf beides beziehen, Bilder stellen meistens Einzelexemplare dar.
- *Selbstreflexivität und Metaierung:* In der Sprache ist beides möglich. Bilder hingegen eignen sich nur sehr begrenzt dazu.
- *Negation, Affirmation, Kausalität:* Logische Beziehungen und andere Sprachhandlungen können nicht durch Bilder ersetzt werden.
- *Informationsmenge:* Bezogen auf die gleiche Wahrnehmungszeit vermitteln Bilder mehr Information als verbale Texte.

4. Semantische Offenheit: Die Bedeutung von Bildern gilt im Vergleich zur Sprache als offen und somit vieldeutig. Doch auch Sprache lässt in den meisten Fällen mehrere Deutungen zu.

Auch Doelker beschreibt die Unterschiede zwischen Bild und Sprache auf mehreren Ebenen (vgl. Doelker 2002: 48-52): Hinsichtlich ihres Umfangs sind Bilder begrenzt. Sie können sich nur auf die sichtbare Wirklichkeit beziehen. Die Verbalsprache kann Bezug auf die gesamte Realität nehmen, auf Sichtbares ebenso wie auf Emotionen oder Gedanken. Bezüglich des Aufbaus bestehen strukturelle Unterschiede. Die sichtbare Welt ist ein Kontinuum von Erscheinungen, die mittels Sprache nur bedingt wiedergegeben werden können. Sprache besteht aus getrennten Einheiten. Bei einer Aneinanderreihung dieser Einheiten entstehen zwangsläufig Abstände. Auch die bei Sprache vorhandene Regelhaftigkeit grenzt sie von Bildern ab, die nicht über solche Grammatik verfügen. Die Zeichenhaftigkeit ist ein weiterer Unterschied. Die Bedeutung ist bei Sprache willkürlich, beruht auf Übereinkunft. Beim Bild beruht sie auf Ähnlichkeit.

Als weitere Besonderheiten von Bild und Wort führt Doelker an (vgl. Doelker 2002: 52-60):

Bild	Wort
konkret	abstrakt
raumgebunden	ungebunden
unmittelbarere emotionale Wirkung	geringere emotionale Wirkung
offene Bedeutung	festgelegte Bedeutung

Das Bild, besonders das photographische, kann immer nur auf ein konkretes Referenzobjekt Bezug nehmen und nicht wie das Wort jegliche Tatsachen beschreiben. Da das Bild stärker an das evolutionär begründete räumliche Vorstellungsvermögen gebunden ist, lassen sich so dargestellte Informationen schneller erfassen und verarbeiten. Ebenso begründbar ist die von Bildern ausgehende größere emotionale Wirkung. Aufgrund fehlender Konventionen ist das Bild in seiner Bedeutung offen. Zwar gibt es auch beim Wort Bedeutungsspielraum, doch ist dieser geringer als beim Bild.

Bild-Text-Relationen

In konkreten Bild-Text-Gefügen gibt es mehrere Möglichkeiten, wie diese beiden Systeme zueinander stehen können (vgl. Nöth 2000: 483f):

Redundanz:	Bild und Text stehen in einem redundanten Verhältnis zueinander. Die Information wird quasi verdoppelt.
Dominanz:	Hier dominiert die Information, die in einem der beiden Systeme vermittelt wird. Ein Beispiel für Bilddominanz wäre das Porträtphoto mit Namensunterschrift. Textdominanz liegt vor, wenn das Bild nur eine dekorative oder illustrierende Funktion hat.
Komplementarität:	Die Gesamtbedeutung entsteht durch Kombination beider Systeme und ist auch nur so verständlich.
Diskrepanz und Kontradiktion:	In diesen eher seltenen Fällen existieren Bild und Text zusammenhanglos oder widersprechen einander sogar.

Der Idealfall innerhalb des Forschungsbereichs der Kommunikationswissenschaft ist wohl die Komplementarität. In Printmedien bspw. würden Bilder und Text in einem komplementären Verhältnis zueinander stehen und eine in sich geschlossene Botschaft transportieren. Der Text übermittelt Informationen, die nicht vom Bild vermittelt werden können und umgekehrt.

In Bild-Text-Gefügen besitzen Photos „eine erhebliche Wirkung auf Eindrucksbildung und Attribution". Diese Wirkung ist natürlich auch vom dazugehörigen Text und der unterschiedlichen kognitiven Verarbeitung abhängig. Die Einflüsse, die Photos auf Texte bzw. Texte auf Photos in massenmedialen Zusammenhängen haben, werden als „Transfer-Effekte" bezeichnet (vgl. Hartmann 1995: 13f). Aufgrund der dokumentarischen Qualitäten und des geringeren Abstraktionsgrades wird dem Photo normalerweise mehr Objektivität zugestanden als dem Text. Die Glaubwürdigkeit, die Photos aufgrund ihrer „Authentizität und Bildhaftigkeit" besitzen, verleiht ihnen größeres Wirkungspotential als Texten. Die Bedeutung eines Photos kann so die eines Textes überlagern (vgl. Hartmann 1995: 46). Doch letztendlich sind sowohl Photos wie auch Texte „das Ergebnis subjektiver Sichtweisen" (Hartmann 1995: 26) und müssen daher mit demselben kritischen Blick betrachtet werden. Gerade im journalistischen bzw. pressephotographischen Bereich ist dies relevant.

Wie gezeigt werden konnte, verfügen Bilder und Texte über spezifische kommunikative Leistungen, die im Zuge gemeinsamer Verwendung ihr volles Potential entfalten können. Die wichtigste und am häufigsten vorkommende Bildkategorie ist die der Photos. Welche Bedeutung die Photographie für die Kommunikationswissenschaft hat, wird im nächsten Kapitel gezeigt.

4 Bedeutung der Photographie für die Kommunikationswissenschaft

Photos werden sehr oft in massenmedialen Kontexten verwendet. Somit fallen sie in den Forschungsbereich der Kommunikationswissenschaft. Der Fachbereich, der sich innerhalb dieser Disziplin mit Photographie befasst, wird im Folgenden vorgestellt. Photos sind aber nur eine, wenn auch die am häufigsten verwendete, Bildkategorie. In den nachfolgenden Kapiteln wird auf das Photo als eine Kategorie der Bilder, das Photo als Medium und schließlich das Photo im Kommunikationsprozess eingegangen, um so die Relevanz für die Kommunikationswissenschaft zu verdeutlichen.

4.1 Die Erforschung von Bildern

Im Folgenden wird der Fachbereich der Kommunikationswissenschaft, der sich (u. a.) mit Photographie befasst, vorgestellt. Danach folgt eine kurze Darstellung der Bildwissenschaft, einer neueren interdisziplinären Forschungsrichtung, die sich umfassend mit Bildern beschäftigt. Die Kommunikationswissenschaft zählt zu ihren Grundlagendisziplinen.

4.1.1 Visuelle Kommunikationsforschung

Die visuelle Kommunikationsforschung ist ein Fachbereich der Publizistik- und Kommunikationswissenschaft. Ganz allgemein formuliert ist der Gegenstandsbereich dieser wissenschaftlichen Disziplin die menschliche Kommunikation in all ihren Facetten. Er reicht von zwischenmenschlichen Kommunikationsprozessen bis hin zu massenmedialer Kommunikation. Diese lässt sich aber nur adäquat erforschen, wenn auch „elementare Prinzipien der Humankommunikation" (Burkart 2002: 540) beachtet werden. Ihre Komplexität erfordert mitunter den Rückgriff auf andere Wissenschaften (z.B. Soziologie, Psychologie, Linguistik), da sie auch dort Erkenntnisobjekt ist. Interdisziplinarität hat somit einen hohen Stellenwert. Egal um welche Art von Kommunikation es sich aber handelt, eine grundlegende Voraussetzung muss erfüllt sein: Kommunikationsprozesse sind nur möglich, „wenn Mittel vorhanden sind, mit deren Hilfe Bedeutungsinhalte Gestalt annehmen können" (Burkart 2002: 35). Diese „Mittel" können technischer Art sein, aber auch Sprache, Schrift oder Bilder zählen dazu. Die Digitalisierung[5] hat dazu geführt, dass gerade die Zahl der Bilder stark ansteigt, sei es im privaten Bereich („Knipserphotographie“), in Zeitungen, Zeitschriften oder im Internet (Photosharing-Seiten, Social Networks, Bilddatenbanken). Insofern erlangt ein Bereich der Publizistik- und Kommunikationswissenschaft immer größere Bedeutung: die visuelle Kommunikationsforschung. Die Verwendung von Bildern innerhalb kommunikativer Prozesse ist ihr Forschungsfeld.

Visuelle Kommunikation ist ein Bereich der Kommunikationswissenschaft, der sich mit der Produktion, Distribution und Rezeption visueller Phänomene und ihrer Bedeutung im sozialen, kulturellen und politischen Kontext befasst. Das diesbezügliche Vorgehen der Sozialwissenschaften erfordert natürlich auch Theorien und Modelle, an denen sich empirische Forschung orientieren kann. Der theoretische Hintergrund ist multidisziplinär und heterogen und ermöglicht so eine flexible Herangehensweise an den Forschungsgegenstand - das Visuelle - in all seinen Ausprägungen (vgl. Müller 2007: 24).

Die visuelle Kommunikationsforschung grenzt sich vom übergeordneten Forschungsbereich der nonverbalen Kommunikation ab, indem sie auditive und nichtmaterialisierte visuelle Eindrücke (z.B. Gesten) nicht in ihren Forschungsbereich einbezieht. Müller gibt folgende prägnante Definition: „Visuelle Kommunikationsforschung untersucht visuelle Phänomene, die sich in Form von Bildern materialisieren.“ (Müller 2003: 14). Der Bildbegriff ist sehr weit gefasst. Voraussetzung ist aber das Kriterium der Bildlichkeit und dessen Materialisierung. Im Unterschied zur Kunstgeschichte werden keine ästhetischen Wertungen vorgenommen.

Visuelle Kommunikationsforschung untergliedert sich in drei Bereiche: Produktionsanalyse, Produktanalyse und Wirkungsanalyse (vgl. Müller 2003: 15ff).

Die Produktionsanalyse fragt nach den Entstehungsbedingungen. Im Fall der Pressephotographie sind es Fragen nach den Umständen der Aufnahme, der Auswahl des Photos, den kommerziellen Rahmenbedingungen und den dahinter liegenden Motivationen. Der methodische Ansatz ist historisch-sozialwissenschaftlich orientiert. Die Produktanalyse befasst sich primär mit der Bedeutungsebene des analysierten Bildes. Zunächst muss das Bild in seiner

---

5 Die Digitalisierung wird weiter unten in einem eigenen Kapitel ausführlich behandelt.

Materialität detailliert beschrieben werden (Größe, Technik, Motiv etc.). Dabei geht es natürlich auch um die bildimmanenten Bedeutungen. Methodisch wird hier meist auf zeichentheoretische, psychologische und kunsthistorische Ansätze zurückgegriffen. Die Wirkungsanalyse untersucht dabei die Wahrnehmungen, Wirkungen und Rezeptionsformen von Bildern. Der Nachweis wahrnehmungsrelevanter Wirkungen ist leichter als der handlungsrelevanter Wirkungen. Hier kommen meist quantitativ-empirische Methoden zum Einsatz.

Die dreigeteilte Darstellung der Analysebereiche ist als idealtypisch zu sehen. In der Praxis vermischen sich diese Bereiche häufig und werden in Form einer Gesamtanalyse zusammengeführt. Die interdisziplinäre Vorgangsweise ist dabei mitbestimmend.

Durch die technischen Entwicklungen der letzten Jahrzehnte hat die Komplexität des Visuellen rasant zugenommen. Der „Iconic Turn" hat ein neues Paradigma eingeleitet, in dem die globale Omnipräsenz von Bildern einen wichtigen Stellenwert einnimmt. Mit der zunehmenden Zahl und Bedeutung von Bildern sind auch jene wissenschaftlichen Disziplinen gefragt, die das Bild zu ihrem Forschungsobjekt auserkoren haben. Ein interdisziplinäres Vorgehen ist aufgrund des orts- und disziplinunabhängigen Auftretens visueller Phänomene nötig. Dennoch können sich die Kommunikationswissenschaft und ihre Subbereiche nicht ausschließlich auf Theorien und Methoden aus anderen Disziplinen stützen. Um Visuelle Kommunikationsforschung eigenständig etablieren zu können, muss man sich sechs Herausforderungen stellen (vgl. Müller 2007: 25f) :

1. Internationalisierung der Forschung
2. Institutionalisierung im Bildungssystem
3. Erhaltung des kritischen Potentials
4. Transdisziplinarität der Ansätze
5. Multimodalität der Kommunikationsformen
6. Verbindung von massenmedialer und interpersoneller Kommunikation

Wenn es der Kommunikationswissenschaft gelingt, diese Punkte zu einem einheitlichen Ganzen zu verbinden, können visuelle Phänomene in adäquater Weise erforscht werden.

Globalisierung und Digitalisierung verändern visuelle Gewohnheiten. Visuelle Produkte seitens der Amateure nehmen zu, Bilder sind rasch weltweit verfügbar und werden dadurch oft aus dem ursprünglichen Kontext gerissen. Der Forschungsgegenstand wird somit noch komplexer. Um sich darin zurechtzufinden, ist ein neues Forschungsparadigma für die visuelle Kommunikation nötig. Dieses „Visuelle Kompetenz" genannte Paradigma umfasst in Form eines Kompetenzkreislaufs die aufeinander einwirkenden Bereiche der Produktion, Perzeption, Interpretation und Rezeption visueller Phänomene (vgl. Müller 2008: 101ff). Bei der Produktion geht es um jegliche Formen visueller Produktion im kommerziellen, privaten, künstlerischen und politischen Bereich. Hier soll erforscht werden, wie die Produktionslogiken der unterschiedlichen Bereiche sich voneinander unterscheiden. Die Perzeption befasst sich mit Fragen, die die Kompetenz von Individuen oder Gruppen betreffen, Bilder wahrzunehmen. Der daran anschließende komplexe Prozess der Bedeutungszuschreibung ist das Feld der Interpretation. Die Rezeption untersucht schließlich die kognitiven und emotionalen Reaktionen der Rezipienten sowie die Handlungen, die danach erfolgen. Die Interaktionen zwischen diesen Bereichen sind komplex, derzeit noch wenig erforscht und erfordern die Zusammenarbeit aller Sozialwissenschaften.

Der Forschungsbereich ist somit interdisziplinär strukturiert und hat nicht zuletzt durch die Digitalisierung an Umfang gewonnen. Unter all den komplexen Formen (audio-) visueller Kommunikation stellt ein altbekanntes Erkenntnisobjekt die visuelle Kommunikationsforschung vor besondere Herausforderungen: das Photo. Es verdichtet „(...) Ausschnitte der Realität zu einem enträumlichten und entzeitlichten Gesamteindruck." (Müller 2003: 86). Im Spannungsfeld zwischen scheinbar objektiver Realitätsabbildung, subjektiver Weltsicht und digital verstärkten Manipulationsmöglichkeiten nimmt es innerhalb der Bilder eine Sonderstellung ein. Auf die medial bedingten Spezifika sowie die kommunikativen Verwendungsmöglichkeiten wird weiter unten genauer eingegangen.

4.1.2 Bildwissenschaft

Bildwissenschaften, d.h. wissenschaftliche Disziplinen, die sich mit Bildern beschäftigen, gibt es schon seit längerer Zeit. Eine davon ist z.B. die Kunstgeschichte. Die Bildwissenschaft ist allerdings eine neuere, noch nicht abgeschlossene Entwicklung. Es handelt sich dabei nicht um eine eigenständige Disziplin, sondern um einen gemeinsamen Theorierahmen, der für die unterschiedlichen bildwissenschaftlichen Disziplinen ein integratives Forschungsprogramm bereitstellt. Hierbei muss einerseits die Eigenständigkeit der teilnehmenden Bildwissenschaften gewährleistet sein. Andererseits sollte ein Modell vorhanden sein, das die verschiedenen Bildphänomene und Disziplinen miteinander verbindet. Grundvoraussetzung für die Konstitution eines solchen Theorierahmens sind begriffliche Klärungen. Die Einigung auf einen Bildbegriff macht interdisziplinäre Zusammenarbeit überhaupt erst möglich. Ebenso müssen die Ergebnisse der Forschungspraxis einfließen (vgl. Sachs-Hombach 2005c: 11f).

Als Bilder im engeren Sinn gelten für die allgemeine Bildwissenschaft „(...) Gegenstände, die materiell, in der Regel visuell wahrnehmbar, artifiziell und relativ dauerhaft sind." (Sachs-Hombach 2005c: 13). Diese Definition bezieht sich auf die (großteils) unstrittigen Fälle von Bildern und grenzt sie von nichtvisuellen, natürlichen und flüchtigen Bildern ab. Da es sich bei Bildern um wahrnehmungsnahe Medien bzw. Zeichen handelt und diese in kommunikativen Zusammenhängen verwendet werden, ist die Kommunikationswissenschaft eine der zentralen Grundlagendisziplinen einer allgemeinen Bildwissenschaft. Weitere Grundlagendisziplinen sind die Philosophie, Mathematik und Logik, Psychologie, Neurowissenschaft, Kognitionswissenschaft, Medienwissenschaft, Semiotik, Rhetorik und Kunstwissenschaft. Hinzu kommen historisch orientierte (Archäologie und Prähistorie, Ethnologie, Geschichtswissenschaft, christliche Theologie), sozialwissenschaftliche (Erziehungswissenschaft, Kulturwissenschaft/Visual Culture, Politikwissenschaft, Rechtswissenschaft, Soziologie) und anwendungsorientierte Disziplinen (Computervisualistik, Kartographie, Typographie, Werbungsforschung) sowie der Praxisbereich moderner Bildmedien (Bildende Kunst, Kommunikationsdesign, Photographie, Film/Fernsehen, Neue Medien) (vgl. Sachs-Hombach 2005c: 13f).

Die Anzahl und Unterschiedlichkeit der zu integrierenden Disziplinen stellt die Bildwissenschaft vor eine große Herausforderung. Die Heterogenität des Gegenstandsbereiches erschwert zwar die Zusammenführung der Ansätze, doch ist eine angemessene Erforschung von bildlichen Phänomenen nur interdisziplinär sinnvoll. Voraussetzung dafür ist der angesprochene gemeinsame Theorierahmen, auf dessen Grundlage die Bildwissenschaften agieren können (Sachs-Hombach 2006: 14f).

Mit der Etablierung eines bildwissenschaftlichen Theorierahmens könnte auch die im deutschen Sprachraum häufige Gegenüberstellung von Natur- und Technikwissenschaften und Geistes- und Sozialwissenschaften überwunden werden. Der Forschungsbereich „Bild" erfordert nämlich die Beteiligung unterschiedlichster Disziplinen (vgl. Sachs-Hombach 2006: 11).

4.2 Das Photo als Bildkategorie

Jedes Photo ist ein Bild, doch nicht jedes Bild ist ein Photo. Somit gilt alles, was für Bilder gilt, mutatis mutandis auch für Photos. Transferierbarkeit und Begrenzung sind zwei wichtige Kriterien für eine engere Definition von Bildern. Diese werden von Photos erfüllt: Sie sind digital bzw. analog transferierbar und zeigen nur einen Ausschnitt der Wirklichkeit, sind also begrenzt. Nach Doelker kann ein Bild als eine „zum Zweck der Betrachtung oder Verständigung hergestellte, transferierbare und reproduzierbare visuelle Konfiguration" definiert werden. Die Intentionalität ist somit für die jede Bildproduktion ausschlaggebend (vgl. Doelker 2002: 184ff).

Die grundlegende Frage, was denn ein Bild überhaupt sei, stellte sich W.J.T. Mitchell 1986 in seinem oft zitierten Werk „Iconology". Der Bildbegriff[6] ist hier sehr weit gefasst, doch die zentrale Eigenschaft von Bildern ist die Ähnlichkeit[7]. Mitchell unterteilt die Bilder in graphische (Bilder, Statuen), optische (Spiegelbilder), perzeptuelle (Sinnesdaten), mentale (Träume, Ideen) und verbale (Metaphern, Beschreibungen) Bilder (vgl. Mitchell 1986: 7ff). Photos sind dieser Kategorisierung zufolge graphische Bilder.

---

6 Nach Mitchell ist „picture" eine Subkategorie der „images". Diese beiden englischen Wörter bedeuten im Deutschen „Bild", wobei die Bedeutung von „image" vom materiellen Bild bis zu Vorstellung/Idee reicht, die von „picture" sich auf materielle Bilder beschränkt.

7 Mitchell verwendet die Ausdrücke „likeness", „resemblance" und „similitude", die im Deutschen „Ähnlichkeit" bedeuten.

Eine etwas andere Unterteilung beschreibt Nöth (2000: 472-474). Sie lässt sich folgendermaßen graphisch darstellen:

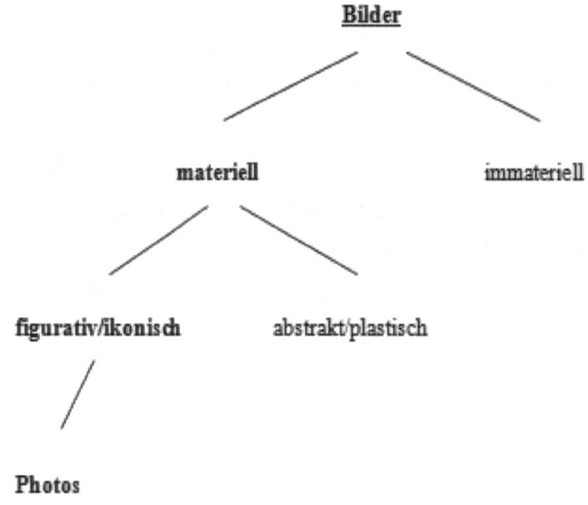

Abbildung 1 Eigene Darstellung in Anlehnung an Nöth (2000: 472-474)

Der üblicherweise weit gefasste Bildbegriff hat die „semantische Dualität von Bildern als Wahrnehmung und Vorstellung" (vgl. Nöth 2000: 472) zur Folge. Der Begriff des Bildes kann sich einerseits auf materiell existente Bilder beziehen (Wahrnehmung), andererseits auf immaterielle Bilder (Vorstellung). Bei materiellen Bildern ergibt sich wiederum eine Dualität: Abstrakte/plastische Bilder haben keinen direkten Bezug zur sichtbaren Welt. Figurative/ikonische Bilder sind Abbilder von Ausschnitten der Welt. Dazu zählen Photos.

Betrachtet man diese Einteilung jedoch etwas genauer, entstehen Unklarheiten. Bei der ersten Unterscheidung materiell vs. immateriell stellt sich die Frage, ob ein auf einem Datenträger gespeichertes digitales Photo überhaupt ein materielles Bild ist oder ob es in einem unbestimmten Zustand verharrt, bis es auf einem Bildschirm oder in ausgedruckter Form materiell erscheint. Auch die zweite Unterscheidung figurativ/ikonisch vs. abstrakt/plastisch ist im Falle der Photographie nicht immer ganz eindeutig möglich. Zwar beziehen sich Photos auf einen Ausschnitt der Welt und benötigen ein Referenzobjekt. Nicht immer ist aber dieser Ausschnitt der Welt erkennbar, man denke nur an starke Verwackelungen. Ein wichtiges Merkmal fehlt ihnen: Ähnlichkeit. Somit müssten diese Bilder in die Kategorie abstrakt/plastisch fallen, obwohl sie ihre Existenz einem Referenzobjekt, einem Ausschnitt der Welt, verdanken.

Neben der oben angeführten Hierarchie lassen sich nach Sachs-Hombach drei Typen von Bildern unterscheiden (vgl. Sachs-Hombach 2006: 199ff., 207, 215):

> *Darstellende Bilder* weisen in den relevanten visuellen Eigenschaftsdimensionen perzeptuelle Ähnlichkeit mit dem darauf abgebildeten Objekt auf (z.B. Gemälde).
> *Strukturbilder* weisen keine perzeptuelle, sondern eine strukturelle Ähnlichkeit zwischen Eigenschaftsrelationen auf (z.B. Landkarten, Pläne).
> *Reflexive Bilder* thematisieren die Möglichkeiten und Grundlagen des bildhaften Darstellens und müssen nicht notwendigerweise etwas abbilden (z.B. Kunstwerke).

Jeder dieser Bildtypen verfügt über spezifische kommunikative Leistungen. Das Wissen darüber ist notwendig bei der Bestimmung des kommunikativen Gehalts eines Bildes.

Photos beinhalten Merkmale aller drei Bildtypen, wobei Mischformen möglich sind. Ein Pressephoto bspw. weist perzeptuelle Ähnlichkeit mit den darauf abgebildeten Szenen auf und ist daher ein darstellendes Bild. Ein Photo mit extrem harten Kontrasten aus ungewöhnlicher Perspektive (z.B. Landschaft von oben) kann ein Strukturbild sein. Künstlerische Photos sind häufig der Kategorie der reflexiven Bilder zuzuordnen.

Von den Bildtypen sind die Bildmedien, also die physischen Träger der obigen Bildtypen, zu unterscheiden. Die Photographie ist so ein Bildmedium, das wie andere Bildmedien auch seine spezifischen Eigenschaften besitzt. Diese bestimmen sowohl die Ausdrucks- als auch die Interpretationsmöglichkeiten. Hinsichtlich der Ausdrucksmöglichkeiten ist die Photographie auf eine äußere Welt angewiesen, die sie abbilden kann. Bezüglich der Interpretationsmöglichkeiten wird der Photographie aufgrund ihres kausalen Ursprungs oft Objektivität zugeschrieben. Die Ähnlichkeit der Photos mit den photographierten Objekten ist dabei auch bedeutsam (vgl. Sachs-Hombach 2006: 220f.).

Die unterschiedlichen Bild- und Medienkategorien sollen nicht darüber hinwegtäuschen, dass Bilder für den Betrachter eine Bedeutung haben, die wiederum vom Bildträger abhängt. Bei Bildern lassen sich vier verschiedene Bedeutungsebenen unterscheiden (vgl. Sachs-Hombach/Schirra 2009: 415f.):

Inhalt:	Der Bildinhalt ist das, was auf einem Bild zu sehen ist. Es ist der Ausgangspunkt für alle weiteren Ebenen.
Referenz:	Der Bezug auf ein Objekt. Der Bildinhalt ist bei der Bestimmung der Referenz eine notwendige, aber keine hinreichende Bedingung.
Symbolische Bedeutung:	Das, worauf mit dem Bild angespielt wird. Voraussetzung hierfür ist das Erkennen des Bildinhalts und ein Wissen über den soziokulturellen Kontext.
Kommunikative Bedeutung:	Die Botschaft, die mit dem Bild vermittelt werden soll – der Zweck des Bildes.

Die Bedeutung, die der Rezipient einem Bild zuschreibt, hängt letztendlich von allen vier Ebenen ab. Je nach Bild sind sie aber unterschiedlich gewichtet. Ein weiterer Einflussfaktor, der auf alle Ebenen wirken kann, ist der Rezeptionskontext.

Die deutsche Politik- und Kommunikationswissenschaftlerin Marion G. Müller definiert für die Kommunikationswissenschaft: „Gegenstand visueller Kommunikationsforschung sind materielle und immaterielle Bilder. Dabei geht die Forschung zunächst von den konkreten materiellen Abbildern aus. Rein immaterielle Bilder, die keine Vergegenständlichung erfahren, sind nicht Teil visueller Kommunikationsforschung." (Müller 2003: 20).

Nach Müller kann der Bildbegriff in der visuellen Kommunikationsforschung wie folgt dargestellt werden.

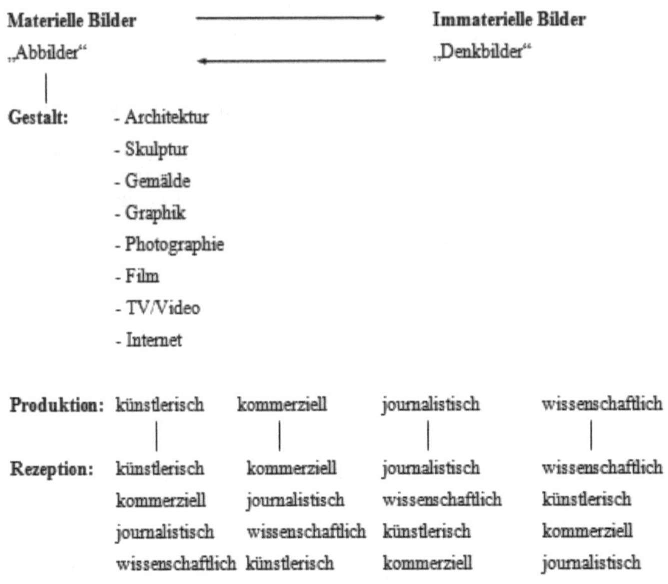

Abbildung 2 Müller (2003: 22)

Wichtig ist, dass Bilder in materialisierter Form vorhanden sind, unabhängig von ihrem Entstehungsprozess. „Bild“ ist ein Überbegriff. Eine Kategorie der Bilder ist die der photographischen Bilder (= Photos). Ein Photo ist also immer ein Bild, doch ein Bild ist nicht immer ein Photo. Materielle Bilder (Abbilder) und immaterielle Bilder (Denkbilder) stehen in einer Wechselbeziehung zueinander. Gedanken und Vorstellungen (Denkbilder) können von Menschen zu konkreten Objekten gemacht werden und dadurch Materialisierung erfahren (Abbilder). Umgekehrt kann ein konkretes materielles Bild zu Denkbildern anregen. Ein Abbild kann in verschiedenen Formen auftreten, z.B. als Gemälde, Graphik oder Photo. Die Produktion kann nach verschiedenen Gesichtspunkten erfolgen (künstlerisch, kommerziell, journalistisch, wissenschaftlich). Auch die Rezeption kann je nach Kontext unterschiedlich vor sich gehen (vgl. Müller 2003: 21f).

Die Gemeinsamkeit aller für die Kommunikationswissenschaft relevanten Bilder ist ihr materielles Vorhandensein und dass mit ihnen etwas - nämlich real vorhandene Objekte - gezeigt wird. Das photographische Bild „(...) as the most real representation of what there is seems to be the most congenial to serve the remembrance of things past (...)" (Haverkamp 1993: 258). Haverkamp spricht damit etwas an, das im alltäglichen Leben leicht nachgeprüft werden kann. Photos werden verwendet, um Dinge, Sachverhalte, Ausschnitte der Wirklichkeit möglichst glaubhaft zu vermitteln. Wie im Laufe dieser Arbeit gezeigt wird, ist die Verbindung des Photos mit dem Realen nur einer von vielen Aspekten des visuellen Phänomens Photographie.

Bilder stellen die Kommunikationswissenschaft vor eine große Herausforderung. Aufgrund der Alltagswahrnehmung wissen wir zwar, dass Bilder etwas in uns bewirken, eine gewisse Bedeutung für uns haben. Unklar ist jedoch, welche Bedeutung das genau ist und wie sie zustande kommt. Tagtäglich begegnet man Bildern in den Massenmedien, doch die „Sprache der Bilder" wurde bis dato noch nicht entschlüsselt. Ein Grund dafür ist die hohe Komplexität der Bildkommunikation, die in den seltensten Fällen nur aus Bildern besteht (vgl. Wolf 2006: 13f).

Semiotisch betrachtet liegt das Spezifikum des photographischen Bildes darin, dass es sowohl ein ikonisches als auch ein indexikalisches Zeichen ist: „Einerseits bildet es Realität durch (den Anschein der) Ähnlichkeit ab, andererseits ist es durch die Gesetze der Optik kausal von der Realität affiziert." (Nöth 2000: 496).

Einige Theoretiker argumentieren aber für die Arbitrarität des Photos (z.B.: Eco, Goodman, Gubern). Das Verstehen von Photos hat einerseits sehr viele kulturelle Aspekte und muss quasi erst gelernt werden. Andererseits bestehen große Unterschiede zwischen Photo und Wirklichkeit (Verzerrung, Begrenzung, Bewegungsverlust etc.). Dies sind zwar Argumente gegen eine ikonische 1:1-Entsprechung zwischen Photo und Welt, machen ein Photo dadurch aber nicht zu einem Symbol im Peirce'schen Sinne. Das Photo bleibt „zugleich ein ikonischer Index und ein indexikalisches Ikon" (vgl. Nöth 2000: 496ff). Auf diese und andere konstitutive Merkmale des Photos wird weiter unten genauer eingegangen. Das folgende Kapitel widmet sich dem Photo als Medium, dem notwendigen Bestandteil eines Kommunikationsprozesses.

4.3 Das Photo als Medium

Ein Medium ist der notwendige Bestandteil eines jeden Kommunikationsprozesses. Es ist das „Ausdrucksmittel der kommunikativen Aktivität" (Burkart 2002: 35). Mit einem Medium werden die immateriellen Bedeutungsinhalte übertragen. Betrachtet man die Einteilung in primäre, sekundäre, tertiäre und quartäre Medien[8] (vgl. Burkart 2002: 36ff), so wird klar, dass Photos sich nicht eindeutig zuordnen lassen: Sie können als Mischformen der drei letztgenannten Medienarten auftreten. Auf jeden Fall sind Photos sekundäre Medien, da für die Aufnahme ein Apparat erforderlich ist.[9] Auch im weiteren Entwicklungsprozess benötigt man technische Hilfsmittel. Photos können aber auch tertiäre Medien sein, man denke nur an Dias, für deren Betrachtung ein Projektor nötig ist. Auch digitale Photos (sofern sie nur als Datensatz vorhanden sind) benötigen auf Sender- und Empfängerseite technische Geräte, sind also tertiäre Medien. Der Übergang zu den quartären Medien ist hier fließend: Um Photos auf Seiten wie facebook, flickr oder anderen Onlineplattformen betrachten zu können, benötigt man einen Internetzugang. Die analoge Photographie war noch eindeutig den sekundären Medien zuzurechnen (Ausnahme Dias; wobei auch Dias theoretisch ohne Projektor betrachtet werden können). Bei der digitalen Photographie ist es wesentlich komplexer. Hier kommt es darauf an, wie genau man die Definition der quartären Medien nimmt. Betrachtet man das „und" zwischen „Digitalisierung und Existenz eines Computers" als verbindlich, sind nur ein Teil der digitalen Bilder dieser Medienform zuzuordnen (Bsp. facebook, flickr). Auch stellt sich die Frage, ob Medien, die auf Sender- und Empfängerseite Geräte voraussetzen und auf Digitalisierung beruhen, schon quartäre oder noch tertiäre Medien sind. Obwohl die meisten heute gemachten Photos digitale Photos sind, ist ein Gerät auf Empfängerseite keine Voraussetzung. Digitale Photos können nach wie vor ausgedruckt/ausbelichtet werden und zählen so eigentlich zu den sekundären Medien. Photos tragen also Merkmale

---

8 Burkart bezieht sich hier auf Pross. Primäre Medien sind leibgebundene Expressionsmöglichkeiten, Medien des menschlichen Elementarkontaktes. Sekundäre Medien erfordern auf der Produktionsseite ein Gerät. Tertiäre Medien erfordern sowohl auf Sender- als auch auf Empfängerseite ein technisches Gerät. Quartäre Medien beruhen auf der Digitaltechnik und benötigen eine Onlineverbindung. (Vgl. Burkart 2002: 36ff).

9 Auf Sonderformen wie Photogramme o. ä., die manche Theoretiker gar nicht als Photo sehen, soll hier nicht näher eingegangen werden.

aller drei Mediengattungen in sich. Die Übergänge sind fließend und nicht immer klar zu definieren.

Bildwissenschaftlich betrachtet lässt sich zwischen Bildtypen[10] und Bildmedien unterscheiden. Unter einem Bildmedium ist der physische Träger zu verstehen, auf dem verschiedene Bildtypen in Erscheinung treten können. Das Bildmedium dient somit der Übermittlung von Bildern bzw. Bildtypen. Dieser Medienbegriff schließt wie der in der Kommunikationswissenschaft die Ver- bzw. Übermittlungsfunktion mit ein. Jedes Bildmedium hat seine spezifischen Eigenschaften, welche Produktion, Distribution und Rezeption beeinflussen. Bildmedien „(...) eröffnen spezifische Interpretations- und Ausdrucksmöglichkeiten, weil sie zur stilistischen Charakterisierung der Abbildungsfunktion genutzt werden können und entsprechend geeignet sind, kommunikative Absichten manifest zu machen." (Sachs-Hombach 2006: 220). Die Photographie ist ein solches Bildmedium. Ihre Spezifika sind der kausale Ursprung und der daraus resultierende indexikalisch-ikonische Charakter. Die medienspezifischen Gestaltungsmöglichkeiten der Photographie werden im Kapitel „Wesensmerkmale" ausführlich behandelt. Obwohl es sich bei der Photographie scheinbar um einen subjektunabhängigen Bildentstehungsprozess handelt, gibt es dennoch zahlreiche Möglichkeiten der Einflussnahme und Verzerrung der dargestellten Wirklichkeit. Auf Objektebene sind dies z.B. Auswahl und Arrangement, auf Apparateebene alle technischen Einstellmöglichkeiten (vgl. Sachs-Hombach 2006: 220f).

Die Indexikalität ist eine konstitutive Komponente der Photographie. Sie verhilft ihr jedoch - entgegen oft anzutreffender Meinungen - nicht zur absoluten Objektivität. Gerade im Bereich der Pressephotographie muss ihre Entstehung und Verwendung kritisch hinterfragt werden, um nicht Täuschungen zu unterliegen. Photos besitzen zweifellos dokumentarisches Potential, doch eben auch eine subjektiv-manipulative Komponente. „Fotografische Bilder beruhen auf einem kausalen Entstehungsprozess. Die dadurch mögliche (doch irrtumsanfällige) indexikalische Rekonstruktion des Referenten ist im Kontext dokumentarisch-behauptender Kommunikationsakte relevant." (Sachs-Hombach 2006: 226). Wie bei anderen Medien ist auch bei der Rezeption von Photos Medienkompetenz gefragt. In Massenmedien, aber auch im privaten Bereich, wird das Bildmedium Photographie tagtäglich dazu ver-

10 Die drei Hauptgruppen sind: Darstellende Bilder, Strukturbilder und reflexive Bilder.

wendet, stattgefundene Sachverhalte möglichste realitätsnah darzustellen. Die kompetente Rezeption setzt die Beachtung der medienspezifischen Entstehungsbedingungen und Manipulationsmöglichkeiten voraus.

Nach Sachs-Hombach (vgl. 2006: 233f) handelt es sich beim elektronischen bzw. digitalen Bild nicht um ein weiteres eigenständiges Bildmedium, sondern um eine Art Imitation der bestehenden Bildmedien. Im Fall der Photographie unterscheidet sich ein Ausdruck eines digitalen Photos kaum von der Ausbelichtung eines herkömmlichen Photos. Allerdings gibt es große Unterschiede und Veränderungen in der Produktion und Distribution digitaler Bilder. Produktion und Distribution können beinahe zeitgleich erfolgen: Ein mit dem Smartphone gemachtes Photo kann sofort auf Plattformen wie flickr oder facebook hochgeladen werden. Ein weiterer Unterschied ist die Interaktivität, der Übergang vom Indexikalischen zum Interaktiven. Im Internet können Bilder beliebig vergrößert, ausgeschnitten und miteinander verlinkt werden.

4.4 Das Photo im Kommunikationsprozess

Grundlegend betrachtet handelt es sich bei menschlicher Kommunikation um symbolisch vermittelte Interaktion. Die Kommunikationspartner handeln sozial, d.h. sie richten ihr Verhalten aufeinander, und intentional, d.h. sie versuchen Verständigung herzustellen (konstantes Ziel) und Interessen zu realisieren (variables Ziel). Die Bedeutungsvermittlung erfolgt wechselseitig über ein Medium, das Träger dieser Bedeutungen ist. Die Bedeutungsinhalte treten in Form von Zeichen bzw. Symbolen (Zeichen mit Repräsentationsfunktion) auf (vgl. Burkart 2002: 61ff). Im Fall der Photographie bzw. der „Kommunikation" mit Photos sind die genannten Merkmale nicht immer gegeben. Die Wechselseitigkeit des Kommunikationsprozesses ist meist nur im privaten Rahmen vorhanden. Beim Zeigen von Urlaubsphotos kann der Betrachter auf die Photos reagieren, wobei die Reaktion im System der Sprache abläuft. Photos werden häufiger in Prozessen verwendet, die der Massenkommunikation ähnlich sind. Die Kommunikation erfolgt indirekt, einseitig und öffentlich an ein disperses Publikum. Reziprozität ebenso wie das Zustandekommen von Verständigung ist möglich, aber nicht notwendig.

Die Voraussetzung für jegliche Kommunikation, egal ob mit oder ohne Photos, ist ein „kommunikatives Gerüst". Es ist die notwendige Bedingung für jeden Kommunikationsprozess und besteht aus:

- jemandem, der etwas mitteilen will (Kommunikator)
- einer Aussage/den mitzuteilenden Bedeutungsinhalten
- einem Medium
- jemandem, an den die Botschaft gerichtet ist (Rezipient)

Das Vorhandensein eines solchen kommunikativen Gerüsts heißt aber noch nicht, dass Kommunikation auch stattfindet. Es schafft lediglich die Voraussetzungen. Von Kommunikation im kommunikationswissenschaftlichen Sinn kann aber erst gesprochen werden, wenn Verständigung hergestellt wurde (vgl. Burkart 2002: 63f.).

Für die Verwendung von Photos in Kommunikationsprozessen müsste das Gerüst-Modell (Kommunikator-Aussage-Medium-Rezipient) um das photographierte Objekt erweitert werden, da die Bedeutung und somit die Aussage auch von ihm abhängt:

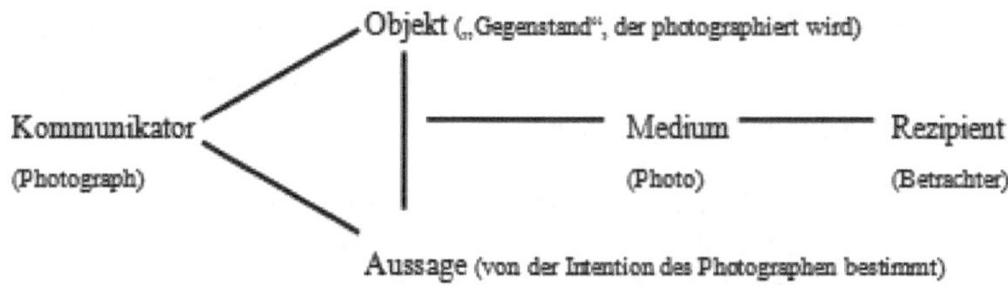

Abbildung 3 Eigene Darstellung in Anlehnung an Burkart 2002: 65

Was den Kommunikator bzw. den Rezipienten betrifft, so unterscheidet sich dieses Modell nicht vom ursprünglichen. Das Medium ist in diesem Fall das Photo. Die Aussage allerdings resultiert hier aus der eigentlichen Aussage/Intention des Photographen und dem Objekt, dessen er sich bedient, um ein Photo zu machen. Objekt und Aussage stehen in einem interdependenten Verhältnis: Das Objekt ist von der Aussage/Intention des Photographen bestimmt, die Aussage ist von der Bedeutung des Objektes mitbestimmt. Das Modell ist eine reduzierte, idealtypische Darstellung. In der Praxis kommen noch weitere Komponenten wie Redaktionen oder Massenmedien (Printmedien, Internet) als zwischengeschaltete Instanzen hinzu.

Bei der Verwendung von Photos in Kommunikationsprozessen lassen sich vier Komplexitätsgrade unterscheiden (vgl. Sachs-Hombach/Schirra 2009: 414f):

1. Auf elementarster Ebene zeigt ein Bild Eigenschaften der Bildhaftigkeit und veranschaulicht nur die wesentlichsten Merkmale eines Begriffs (z.B. vier Linien für ein Parallelogramm).
2. Auf der nächsten Ebene werden visuelle Eigenschaften so dargestellt, dass sie Gegenstandsklassen, aber noch keine konkreten Objekte bezeichnen (z.B. Abbildungen in botanischen Bestimmungsbüchern).
3. Auf der dritten Ebene werden Bilder dazu verwendet, individuelle Gegenstände zu visualisieren; entweder durch eine entsprechende Bildunterschrift oder durch detailgenaue/realistische Darstellung.
4. Auf der höchsten Komplexitätsebene werden Bilder in einem illokutionären Akt, d.h. in einem Sprechakt mit konkreter kommunikativer Funktion, verwendet. Bilder werden in diesen Kommunikationsprozessen mit Behauptungen, Appellen oder Meinungen verbunden.

Auf den ersten Blick mag die Photographie ein wenig von dieser Gliederung entfernt sein. Bei genauerer Betrachtung zeigt sich jedoch, dass diese Komplexitätsgrade auch innerhalb der Photographie vorkommen können. Der erste Komplexitätsgrad wird meist Sonderfälle von Photos betreffen (Photogramme, Photos mit extremem Kontrast). Aufgrund ihrer konstitutiven Merkmale kann die Photographie immer nur konkrete Objekte und nicht eine Gegenstandsklasse an sich zeigen. In der Praxis ist es aber durchaus vorstellbar, dass Photos verwendet werden, um eben dies zu tun. Der klassische Fall im journalistischen Bereich ist das Symbolphoto. Der dritte Komplexitätsgrad ist der in der Photographie wohl am häufigsten vorkommende. Ein Photo bildet zwangsweise immer ein konkretes Objekt ab. Diese Individualität kann durch eine Bildunterschrift ergänzt bzw. bestätigt werden. Bei der höchsten Komplexitätsebene ist an Photos im Pressebereich und in der Werbung zu denken. Im Pressebereich spiegelt das abgedruckte (d.h. das aus einer Vielzahl ähnlicher Photos ausgewählte) Photo mitunter die Gesamthaltung der Zeitung wider: Widerspricht es ethischen Grundsätzen? Verletzt es Moralvorstellungen? Es kann im Fall von Katastrophen auch zum Spenden aufrufen. Im Werbebereich soll der Rezipient durch die teils unnatürliche Perfektion der Photos, kombiniert mit passenden Slogans, zum Kauf der beworbenen Produkte bewogen werden.

Ein Faktum, das sowohl für die interpersonale als auch für die massenmediale Kommunikation Relevanz hat, ist, dass praktisch nie nur mit Photos kommuniziert wird. Nahezu immer sind Photos in andere Kontexte eingebettet, seien dies schriftliche oder verbalsprachliche[11]. Von einer reinen Photokommunikation kann somit nur in den seltensten Fällen gesprochen werden.

Im massenmedialen Kontext finden photographische Bilder wohl am häufigsten in Printmedien, ihren Online-Derivaten und im Internet ganz allgemein (Bebilderung von Webseiten, Photoplattformen, Social Networks) Verwendung. Photos werden oft als Eyecatcher verwendet und sollen den Rezipienten zum Lesen des Artikels anregen. Sie spielen eine wesentliche Rolle bei der Informationsaufbereitung und prägen den Gesamteindruck. Photos sind die von der visuellen Kommunikationsforschung am häufigsten untersuchten visuellen Elemente. Ihre spezifischen Merkmale[12] (Stichwort Realitätsabbild/Dokumentation) haben sie zum Objekt wissenschaftlicher Beschäftigung werden lassen (vgl. Wolf 2006: 215f).

Die zuvor erwähnte Eyecatcher-Funktion ist nur eine Möglichkeit, Photos in massenmedialen Bild-Text-Kontexten zu verwenden. Hartmann (vgl. Hartmann 1995: 34 zit. n. Wolf 2006: 217) unterscheidet insgesamt drei Funktionen journalistischer Photos:

1. Informationsfunktion: Ergänzung bzw. Verdoppelung der Textinformation
2. Gestalterische/Dramaturgische Funktion: Wecken von Neugier, Auflockerung des Gesamtlayouts, Hinzufügen emotionaler Komponenten
3. Illustrative Funktion: Unterstützung der Textberichterstattung durch dokumentarischen Charakter, Akzentuierung von Details

Photos haben im print- bzw. onlinemedialen Kontext immer einen starken Bezug zum Text, sei es als Hinführung oder zur Ergän-

---

11 Die verschiedenen Kontexte von Photos werden weiter unten genauer erörtert.

12 Auf die spezifischen Merkmale der Photographie wird weiter unten ausführlich eingegangen.

zung. Das Photo alleine kann weder gesondert ausgewählt noch betrachtet werden. Wichtig ist daher die sinnvolle und stimmige Kombination verschiedener Elemente zu einer „Collage", die das Interesse des Rezipienten weckt und ihn umfassend informiert (vgl. Wolf 2006: 223).

In der interpersonalen Kommunikation wie auch in der Massenkommunikation sind die Informationsträger Bild und Text von zentraler Bedeutung. Allerdings ist Letzterer weit besser in all seinen Dimensionen erforscht als Ersteres und stellt die Wissenschaft vor weniger Herausforderungen. Bilder sind im Vergleich zu Texten durch Ambiguität geprägt - sie bleiben ohne kontextuale Einordnung vieldeutig (Knieper 2005: 37f).

Für die Kommunikationswissenschaft sind Abbilder, d. h. Bilder, die Ausschnitte der Wirklichkeit abbilden, von Interesse. Sie manifestieren sich unterschiedlich (z.B. Photo, Graphik, Film), werden aber alle in der gleichen Art - nämlich massenmedial - gekennzeichnet durch Reproduktion und Distribution - verbreitet. Des Weiteren sind sie in ein intra- und intermediales Umfeld eingebettet. Bei dieser Kontextualisierung handelt es sich um ein symbiotisches Verhältnis. Einerseits liefert der Text (bzw. die Texte) Interpretationsmuster für die Bildrezeption. Andererseits helfen die Bilder dabei, die schriftsprachliche Berichterstattung besser einordnen zu können. Neben dieser interpretativen Funktion nennt Knieper zahlreiche weitere Funktionen, die Bilder in massenmedialen Kommunikationsprozessen erfüllen können: darstellende, wissensgenerierende, erklärende, dekorative, organisierende, authentisierende, dokumentarische, emotive, kommentierende, unterhaltende oder aktivierende Funktionen. Um eine ökonomische Funktion (Motivation zum Kauf des jeweiligen Mediums) erfüllen zu können, müssen Bilder „ausdrucksstark" sein. Ausdrucksstärke ergibt sich durch die Kombination von Exklusivität, Originalität und technischer Qualität (vgl. Knieper 2005: 39f). Neben diesen eher positiven Verwendungsweisen kann die realistische Abbildungsfähigkeit respektive Glaubwürdigkeit der Medienbilder aber auch zur Täuschung verwendet werden. Diesbezüglich lassen sich vier Arten der Manipulation unterscheiden, die nicht immer das Bild in seiner Materialität betreffen (vgl. Knieper 2005: 41-46):

> *1. Eingriffe in die Umwelt:* Damit sind Veränderungen gemeint, die vor der Aufnahme stattfinden, z.B. Rekonstruktionen und Inszenierungen von Ereignissen, Veränderungen von szenischen Details, aber auch Selektionen, die der Photograph trifft

(Wahl des Aufnahmewinkels, Objektivwahl, technische Einstellungen).
2. *Irreführende Kontextualisierung:* Hier verhindern oder verzerren die umgebenden Texte eine adäquate Bildinterpretationen und lassen den Rezipienten im Ungewissen über die genaue Bedeutung des Bildes.
3. *Bildveränderung:* Damit sind alle Eingriffe gemeint, die nach der Aufnahme stattfinden und als „Postproduction" bezeichnet werden können. Die Übergänge zwischen den einzelnen Stadien der eigentlichen Bildmanipulation (Manipulation des Bildes an sich) sind fließend. Sie reichen von Helligkeits- und Kontrastanpassungen über leichte Retuschen bis zum Entfernen bildrelevanter Informationen. Neben dem Wegnehmen ist auch das Hinzufügen von Bildelementen denkbar (Collage, Composing).
4. *Erzeugung virtueller Welten:* Hier werden Bildumgebungen oder Teile davon künstlich generiert (z.B. Person im Vordergrund und „eingezogener" Hintergrund). Der Gesamteindruck lässt davon jedoch nichts erkennen.

Welche Konsequenzen ergeben sich daraus? Der Rezipient von Massenmedien steht einer Fülle von Bildern gegenüber, die als Abbilder gedacht sind und als solche wahrgenommen werden. Abgesehen von der irreführenden Kontextualisierung, die sich auf Manipulationen im Zuge der Präsentation bezieht, sind die zuvor genannten Eingriffe im Regelfall nicht am Bild selbst ersichtlich. Der Rezipient muss also der Quelle vertrauen, aus der das Bild stammt. Die Forderung, jegliche Bildveränderungen zu unterlassen, ist utopisch und deren Kontrolle unmöglich. Die Übergänge zwischen den einzelnen Manipulationsstadien sind fließend. Verantwortungsvolle Medienproduzenten (Photographen, Redakteure und dazugehörige Systeme) sind dazu angehalten, den Rezipienten über etwaige Veränderungen zu informieren und mögliche Unklarheiten zu beseitigen.

Der deutsche Presserat spricht diese Thematik in der „Richtlinie 2.2 - Symbolfoto"[13] an:

> „Kann eine Illustration, insbesondere eine Fotografie, beim flüchtigen Lesen als dokumentarische Abbildung aufgefasst werden, obwohl es sich um ein Symbolfoto handelt, so ist eine entsprechende Klarstellung geboten. So sind
>
> - Ersatz- oder Behelfsillustrationen (gleiches Motiv bei anderer Gelegenheit, anderes Motiv bei gleicher Gelegenheit etc.)
> - symbolische Illustrationen (nachgestellte Szene, künstlich visualisierter Vorgang zum Text etc.)
> - Fotomontagen oder sonstige Veränderungen
>
> deutlich wahrnehmbar in Bildlegende bzw. Bezugstext als solche erkennbar zu machen."

Die Einhaltung dieser idealtypischen Forderungen ist in der Praxis problematisch[14]. Der gesamte Produktions- und Distributionsprozess eines Photos ist äußerst komplex. Es durchläuft mehrere Stationen, die auf unterschiedliche Art darauf Einfluss nehmen können (Auswahl, Beschneidung des Bildes, Retusche, Layout etc.). Die Verantwortung beginnt beim Photographen und liegt letztendlich beim Redakteur. Er entscheidet darüber, ob er die Informationen betreffend Bildveränderungen (sofern sie ihm überhaupt zugänglich sind) im Bild-Text-Kontext ans Publikum weitergibt.

---

13 deutscher Pressekodex, Fassung vom 3. Dezember 2008; Quelle: http://www.presserat.info/uploads/media/Pressekodex_01.pdf, abgerufen am 7.10.2010 um 23.20 Uhr

14 vgl. dazu auch Rossig 2007: 174f

5 Konstitutive Wesensmerkmale des photographischen Bildes

In den vorangegangenen Kapiteln wurden die Relevanz des Photos für die Kommunikationswissenschaft, das Photo als Bildkategorie und Medium sowie seine Verwendung in Kommunikationsprozessen behandelt. Dabei wurden die konstitutiven Wesensmerkmale des photographischen Bildes stillschweigend vorausgesetzt. Mit ihnen befasst sich dieses Kapitel.

5.1 Theorien von Benjamin, Barthes und Peirce

Im Folgenden werden die von den gewählten Autoren (Walter Benjamin, Roland Barthes und Charles Peirce) theoretisierten Aspekte der Photographie herausgearbeitet, um sie danach entsprechend ihrer möglichen Gemeinsamkeiten ordnen und zusammenführen zu können.

5.1.1 Walter Benjamin

Die medientheoretischen Texte des Philosophen und Literaturkritikers Walter Benjamin (1892-1940) haben wohl wie keine anderen auf die nachfolgenden Theoretiker Einfluss genommen. Allerdings „hinterließ (er) keine systematische Theorie, sondern nur ein fragmentarisches Werk" (Rump 2001: 39), in dem auch die Photographie eine Rolle spielt.

Benjamin faszinierte an Photographie nicht nur die Schnelligkeit der Bildproduktion, sondern auch die durch technische Fortschritte bedingte Möglichkeit, rasch ablaufende, der menschlichen Wahrnehmung nur schwer zugängliche Ereignisse festzuhalten. Ein fallender Wassertropfen, Explosionen oder die Mimik eines menschlichen Gesichts können nun abgebildet werden. Die „(...) Momentaufnahme stellt eine Zeit auf Dauer, die der natürlichen Erfahrung nicht nur widerspricht, sondern sich ihr entzieht" (Geimer 2009: 119). Mitte des neunzehnten Jahrhunderts war es noch umgekehrt. Selbst unbewegte Porträts bedurften langer Sitzungen. Anfang des zwanzigsten Jahrhunderts waren aufgrund technischer Entwicklungen (hochwertige Optiken, lichtempfindlichere Emulsionen) kurze Verschlusszeiten möglich. Somit konnte das festgehalten werden, was Walter Benjamin als das „Optisch-Unbewusste" (Benjamin 1963c: 50) bezeichnete: Bewegungen, Mimik und Gestik, die im alltäglichen Leben zu schnell vor sich gehen, um bewusst wahrgenommen zu werden. Sie können quasi eingefroren und nachträglich, außerhalb ihres ursprünglichen Zusammenhanges, auf Photos betrachtet werden.

Mit dem schnellen Fixieren von Bewegungsabläufen geht auch die schnellere Reproduktion einher. Die Reproduzierbarkeit war ja auch titelgebend für Benjamins wohl bekanntestes Werk. Ausgehend von der Reproduzierbarkeit des Kunstwerks deutet die Formulierung des „Zeitalters" weit reichende Konsequenzen für das „gesamte Spektrum der Bild- und Bedeutungsproduktion" (vgl. Geimer 2009: 140) an. Die Photographie befindet sich in einer Zeit, die sowohl durch Reproduzierbarkeit als auch durch Aura (bzw. deren Verlust) gekennzeichnet ist. „Diese eigentümliche Zwitterstellung, die die Photographie mit keinem anderen technischen Medium teilen muss, prädestiniert sie in besonderer Weise, die kulturellen wie sozialen Veränderungen oder die der Wahrnehmung, der Rezeption und Produktion der Kunst und ihrer gesellschaftlichen Bedeutung in den Blick zu nehmen." (Stiegler 2006: 256) In historisch-philosophischer Form nähert sich Benjamin Fragen der Wahrnehmung neuer Medien sowie ihrer ästhetischen und sozialen Bedeutung. Benjamin verbindet unterschiedliche Theorien (Photographietheorie, Reproduktionstheorie, Wahrnehmungstheorie) zu einem komplexen Ganzen. Nicht zuletzt deshalb haben seine Überlegungen Aufnahme in die Theorie der Photographie gefunden (vgl. Stiegler 2006: 255ff).

Neben Roland Barthes' zählen Walter Benjamins Aufsätze zu den meistzitierten Texten der Photographietheorie des 20. Jahrhunderts (vgl. Stiegler 2006: 341). Walter Benjamins phototheoretische Überlegungen finden sich im „Kunstwerk-Aufsatz" und in der „Kleinen Geschichte der Photographie". Sein Beitrag zur Theoretisierung der Photographie liegt nicht in Form eines ausgearbeiteten Konzeptes vor.[15] Vielmehr sind es relativ kurze, zugespitzte Formulierungen, die von nachfolgenden Autoren aufgegriffen und weiter ausgearbeitet wurden. Benjamins weitsichtige Gedanken sind so in die Photographietheorie eingeflossen und hatten in dieser „erhebliche Resonanz" (Stiegler 2006: 255).

Bezug nehmend auf die FF1 sind die von Walter Benjamin theoretisierten Aspekte der Photographie:

---

15 Das Konzept der Aura ist in sich zwar großteils geschlossen (zur Kritik dazu vgl. Benjamin 1986), wurde aber weniger oft von Phototheoretikern aufgegriffen.

- Massenhaftigkeit und Schnelligkeit der Bildproduktion
- Beschriftung als wichtiges Element im photographischen Kommunikationsprozess
- Transferierbarkeit des photographischen Bildes und photographische Perspektive

Massenhaftigkeit und Schnelligkeit der Bildproduktion

Walter Benjamins Kunstwerk-Aufsatz ist einer der wichtigsten Beiträge zur Multiplizität der Photographie (vgl. Geimer 2009: 146). Was die Photographie nämlich radikal von allen bisherigen Bildtechniken unterscheidet, ist die Schnelligkeit der Bildproduktion. Sie vollzieht sich fast so schnell, wie das Auge blickt. Die manuelle Komponente - die bspw. für die Malerei, Schnitzerei oder Gravur typisch war - fehlt hier fast völlig. Der Großteil der „Arbeit" wird vom Auge des Photographen geleistet (vgl. Benjamin 1963b: 10f). Bei der Photographie geht der handwerkliche Teil der Bildproduktion fast vollständig verloren. Da diese Komponente meist sehr zeitintensiv war, beschleunigt sich der Produktionsprozess. Die Kreativität wird von der Hand fast ausschließlich auf den Geist, das Auge, verlagert. Die Wahrnehmung dessen, was zu einem Bild/Photo gemacht werden soll, ist sowohl in der Malerei (u. a.) als auch in der Photographie notwendig. Bis zu diesem Punkt ähneln beide Bildtechniken einander, danach gibt es aber einen großen Unterschied: In der Photographie erfolgt die eigentliche Bildproduktion automatisch, wohingegen der Maler seine visuellen Eindrucke erst mittels Hand und Pinsel auf eine Fläche übertragen muss. Ein maßgeblicher Teil der Bildproduktion wird vom Automatismus des Apparats übernommen. Dies führte zum Glauben an die Objektivität eines Photos, in weiter Folge aber auch zur Kritik des Glaubens an diese vermeintliche Objektivität.[16]

Die Echtheit - und hier spielt auch das Konzept der Aura eine Rolle - geht beim Photo verloren, da von einer Aufnahme beliebig viele Abzüge gemacht werden können. Die Frage nach dem „Original" hat keinen Sinn[17] (vgl. Benjamin 1963b: 17f.). Die Frage nach dem Original macht in kommunikationswissenschaftlichen Zusammenhängen aber relativ wenig Sinn. Aus Sicht der Kunstwissenschaft -

---

16 vgl. z.B. Jäger 1988: 153, Flusser 2006: 13 ff. oder Bazin 1945: 33ff.

17 Darüber sind sich jedoch nicht alle Theoretiker einig (vgl. z.B.: Geimer 2009: 145).

und so argumentiert Benjamin - macht es einen Unterschied, ob man ein Gemälde im Original sieht oder ein Photo davon in einem Katalog. In diesem Zusammenhang mag es zu einem Verlust der Aura kommen, nicht jedoch im Bereich der Pressephotographie/Massenmedien, denn dort sind alle Bilder quasi Reproduktionen. Was sich allerdings daraus ergibt, ist die leichte massenhafte Produktion und Distribution von Photos, welche - besonders in Zeiten digitaler Kommunikation (Internet) - in weiterer Folge global zirkulieren.[18]

Geimer unterscheidet in Bezug auf die Reproduzierbarkeit zwischen reproduzierendem und reproduziertem Bild: Erstes meint die Wiederholung respektive Abbildung der Wirklichkeit im Bild, zweites die Vervielfältigung eines Photos. Im ersten Fall spielen die weiter unten beschriebenen Wesensmerkmale der Photographie eine zentrale Rolle. Die Abbildung der Wirklichkeit darf nämlich nicht immer als eine wahre und wahrhaftige verstanden werden (vgl. Geimer 2009: 139).

Aura:

Benjamins Ideenkonstrukt der Aura ist eines seiner bekanntesten und am weitesten verbreiteten theoretischen Konzepte (vgl. Duttlinger 2008: 79). Dieses Konzept ist zwar eher im Bereich der Philosophie als in den Sozialwissenschaften anzusiedeln, hat aber auch Eingang in die Photographietheorie gefunden[19]. Vor allem bei der Thematisierung der massenhaften Bild-/Photoproduktion. Der Vollständigkeit halber soll es hier kurz erklärt werden.

Durch die Reproduktion und Massenhaftigkeit der Bildproduktion verlieren gerade Kunstwerke eine ihrer wichtigsten Eigenschaften: Einmaligkeit. Die Betrachtung ist nicht mehr nur an einen Ort gebunden, sondern kann praktisch überall erfolgen. „Entscheidend für Benjamins Überlegung ist nicht, dass Reproduktionen mangelhafte Kopien des Originals sind. Entscheidend ist, was sie am Original selbst bewirken, nämlich dessen Zersetzung." (Geimer 2009: 142). Mit der ortsunabhängigen Verfügbarkeit verlieren sie ihre Einmaligkeit. Dies aber nicht aufgrund der unzureichenden oder schlechten Vervielfältigung. Sie werden zu einem Massengut und machen die Existenz des Originals hinfällig.

---

18 vgl. zur „Bilderflut" z.B. Phillips 2002: 291 oder Sachs-Hombach 2009: 7

19 Rosalind Krauss und Susan Sontag haben Benjamins Konzept der Aura aufgegriffen (vgl. Stiegler 2005: 34).

Die Aura ist ein Medium, das Subjekt und Objekt physisch miteinander verbindet und die Grenzen zwischen ihnen verschwimmen lässt. (vgl. Bratu Hansen 2007: 351). Bratu Hansen bezieht sich hierbei auf Benjamins Definition der Aura in „Kleine Geschichte der Photographie“: Aura ist demnach ein „(...) sonderbares Gespinst von Raum und Zeit: einmalige Erscheinung einer Ferne, so nah sie sein mag.“ (Benjamin 1963c: 57) Oder, etwas systemtheoretisch anmutend ausgedrückt: Die Erfahrung der Aura ist eine Erfahrung von Erwartung oder Möglichkeit (vgl. Benjamin 1986: 33).

Die Echtheit, das Hier und Jetzt, nicht nur von Kunstwerken, sondern beinahe allem, was der menschlichen Wahrnehmung primär zugänglich ist, wird durch die technische Reproduktion und die damit verbundene Transferierbarkeit entwertet. Anders ausgedrückt: Die Aura verkümmert. Ja, sie wird sogar zertrümmert. Dafür verantwortlich ist die massenhafte Produktion von Abbildern in den Medien, die „Überwindung des Einmaligen jeder Gegebenheit“ (vgl. Benjamin 1963b: 13f). Leicht zugängliche massenmediale Reproduktionen substituieren individuelle Primärerfahrungen.

Duttlinger sieht in Benjamins Essay „Kleine Geschichte der Photographie“ das zentrale Konzept der Aura. Nicht nur, weil es die früheste[20], sondern eine universell anwendbare Definition dieses Begriffs in Bezug auf Wahrnehmung enthält. Ebenso findet sich hier die Vorwegnahme der Barthes'schen Unterscheidung von studium und punctum, eine Unterscheidung zwischen kulturell geprägter und persönlich bedingter Bedeutung eines Photos (vgl. Duttlinger 2008: 90).

Im „Kunstwerk-Aufsatz“ ist die Photographie als Medium der mechanischen Reproduktion die Hauptursache für den Verlust der Aura. Primär geht es hier um die Reproduktion von Kunstwerken, „Originalen“, und die damit verbundenen Veränderungen ihrer Rezeption. Die Photographie ist demnach nicht dazu da, Realität zu repräsentieren, sondern Kunstwerke massenhaft verfügbar zu machen. Nach Duttlinger sind Aura und Photographie aber keine Gegensätze, sondern stehen in einem komplexen Prozess der Interaktion. Der Verlust von Originalität und Einzigartigkeit, von Aura,

20 Die ersten Überlegungen von Benjamin zum Konzept der Aura finden sich in unpublizierten Schriften aus dem Jahre 1930. Darin beschreibt er Aura als etwas, das allen Dingen innewohnt. Diese Vorstellung steht im Kontrast zur gängigen, engen Interpretation der Benjamin'schen Aura als ästhetische Kategorie traditioneller Kunstwerke, die in der Moderne verloren geht (vgl. Bratu Hansen 2007: 336f).

der - wie im „Kunstwerk-Aufsatz" beschrieben - mit dem Aufkommen der Photographie einherging, wird nicht in allen Schriften Benjamins so drastisch dargestellt. (vgl. Duttlinger 2008: 80-81f).

Die Schwierigkeit bei Walter Benjamin ist die Teilung, die sich innerhalb seines Werkes vollzieht. Es besteht ein Mangel an Konsistenz in den Schriften zur Aura. Zwar findet sich eine gewisse Kontinuität in Bezug auf den Verlust der Aura, nicht jedoch endgültige Einigkeit darüber, ob dies positiv oder negativ zu bewerten ist (Benjamin 1986: 30f).

Beschriftung als wichtiges Element im photographischen Kommunikationsprozess

Eine der wohl wichtigsten Benjamin'schen Überlegungen ist die zur Bild-Text-Kombination: Ohne die Beschriftung bleibt alle photographische Konstruktion im Ungefähren stecken. Benjamin fragt sich, ob die Beschriftung nicht zum wesentlichsten Bestandteil der Aufnahme werden wird (vgl. Benjamin 1963c: 64). Auch dieser Gedanke wurde von zahlreichen Theoretikern[21] aufgegriffen. Gerade in massenmedialen Kommunikationsprozessen, die idealerweise möglichst objektiv ablaufen, werden Texte dazu verwendet, den Interpretationsspielraum der Bilder einzuschränken bzw. den passenden Kontext zu vermitteln. Sprachliche Zusatzinformationen (Bildtitel, Bildunterschrift, sonstige Erläuterungen) können bei einem Problem Abhilfe schaffen, auf das auch Arnheim verweist: Ein Bild erklärt nicht, was es zeigt und gibt auch keinerlei Hinweise auf die Beurteilung desselben. Weiters müssen Bilder stets im Gesamtzusammenhang betrachtet werden, da ihre Bedeutung auch hiervon abhängt. Um eindeutiges Verständnis zu ermöglichen, bedürfen Bilder meistens schriftlicher oder verbaler Erläuterungen (vgl. Arnheim 1979: 50ff.).

Die verschiedenen Faktoren, die auf ein Photo und dessen Bedeutung Einfluss nehmen können, werden im Kapitel „Wesensmerkmale" genauer erläutert.

---

21 vgl. z.B. Arnheim 1979: 50ff., Knape 2005: 146, Knieper 2005: 37f., Sachs-Hombach 2006: 262

Transferierbarkeit des photographischen Bildes und photographische Perspektive

Zwei wichtige von Benjamin implizit angesprochene Aspekte der Photographie sind die der Perspektive und der Transportierbarkeit (vgl. Benjamin 1963b: 12f). Diese beiden Aspekte werden von Theoretikern[22] aufgegriffen, wenn es darum geht, die konstitutiven Merkmale eines Photos zu definieren. „Perspektive" bezieht sich dabei auf eine der Photographie eigene, von der menschlichen Wahrnehmung abweichende Sicht der visuellen Umgebung, die u. a. durch die Begrenzung - d. h. den Ausschnitt - und das verwendete Objektiv zustande kommt. „Transportierbarkeit" bedeutet, dass es mittels Photos möglich ist, zeit- und raumunabhängige visuelle Erfahrungen[23] zu machen. Ein Photo kann - heute noch leichter als vor 70 Jahren - an jeden beliebigen Ort der Welt verschickt werden und dort die „Antizipation von Erfahrung" (Doelker 2002: 37) ermöglichen.

Die Perspektive ist eine seit Erfindung der Photographie viel diskutierte Eigenschaft. Je schneller, kleiner und handlicher die Kameras wurden, desto ungewöhnlicher fielen die Perspektiven aus. Veränderungen der Verwendungsweisen gingen hier mit technischen Entwicklungen einher. Als Beispiele seien nur Laszlo Moholy-Nagy und Alexander Rodtschenko erwähnt, die mit ihren aus extremen Perspektiven aufgenommenen Photos den Blick der damaligen Zeit auf den Alltag veränderten.

Der Aspekt der Transportierbarkeit hat nicht erst Mitte des 19. Jahrhunderts enorme Bedeutung erlangt. Damals waren es Carte-de-Visite-Photos, auf denen man bis dahin nur mündlich bekannte Personen des öffentlichen Lebens sehen konnte, später Porträts und Familienalben, die der Erinnerung dienten. Im Zeitalter des Internet scheint dies fast banal. Heute können Photos des privaten und öffentlichen Lebens mit minimaler zeitlicher Verzögerung online gestellt werden. Unzählige digitale Bilder zirkulieren im Cyberspace und können beliebig oft kopiert und verschickt werden. Auf die weit reichenden Auswirkungen der Digitalisierung wird im gleichnamigen Kapitel weiter unten genauer eingegangen.

---

22 vgl. z.B. Jäger 1988: 153 oder Doelker 2002: 187

23 vgl. hierzu auch Friday 2001: 360

5.1.2 Roland Barthes

Der französische Semiotiker Roland Barthes (1915-1980) war zunächst ein Vertreter der linguistisch-strukturalistischen Semiologie Saussure'scher Prägung (Semiotik auf Grundlage sprachlicher Zeichen, ausgehend von der Linguistik), ging dann aber zur Angewandten Semiotik über. Hier befasste er sich mit fast allen Bereichen, wie z.B. Architektur, Malerei, Film, Photographie und Werbung. Während er zu Beginn seiner wissenschaftlichen Laufbahn auf Systematizität und Vollständigkeit achtete, setzte er sich später in eher essayistischen Texten mit Literatur, Kunst und Kultur auseinander. Barthes' Leben lässt sich in drei Schaffensphasen gliedern. In der ersten noch wenig semiotisch geprägten Phase (bis 1956) wandte er sich ideologiekritisch der Literatur und Alltagskultur zu. In der zweiten Phase (1957-1963), die geprägt war von Systematisierung und der Hinwendung zur Angewandten Semiotik, verfasste er Beiträge zur Semiotik des Films, der Werbung und der Photographie. In der dritten Phase (ab 1964) wandte Barthes sich stärker der Textsemiotik sowie der Semiotik der Photographie und der Musik zu. Barthes' essayistisch-lockerer Schreibstil, besonders in der späteren Phase, darf nicht darüber hinwegtäuschen, dass sein gesamtes Werk auf einer ausgefeilten semiotischen Basis beruht (vgl. Nöth 2000: 107f).

Akademisch betrachtet war Roland Barthes zwar Semiotiker, hat aber in seinen phototheoretischen Betrachtungen - ausgehend von der Semiotik, seinem wissenschaftlichen Ursprung - psychoanalytische, anthropologische, ideologie- und gesellschaftskritische sowie phänomenologische Sichtweisen zusammengeführt. So befasste er sich mit Fragen nach der Ontologie der Photographie, ihren ideologischen Funktionen, ihrer anthropologischen Relevanz und der photographischen Signifikationspraxis (vgl. Stiegler 2006: 341f).

Die Frage nach der Ontologie des photographischen Bildes steht in Barthes' Werk „Die helle Kammer" im Mittelpunkt. Darin verknüpft Barthes ontologische mit phänomenologischen Fragestellungen, die in Form des punctum eine hoch subjektive Komponente beigestellt bekommen. Im punctum spiegeln sich Affekt und Kontingenz wider, jene Eigenschaften, die bei der Betrachtung von Bildern die Bedeutungszuschreibung beeinflussen (vgl. Stiegler 2006: 348f).

Barthes' anfangs semiotisch geprägte Sichtweise wandelte sich im Laufe seines Lebens in Richtung einer phänomenologischen Betrachtung der Photographie. Zwischen diesen beiden Zugängen besteht aber kein Bruch. Dass ein Photo indexikalisch zustande kommt und im Realen verhaftet ist, sagt noch nichts über seine Wahrnehmungs- und Interpretationsmöglichkeiten aus. Auch wenn es sich bei einem Photo um die „Emanation des Referenten" handelt, bedarf es beigegebener Kommentare (Texte), um seine Rezeption eindeutig zu machen. Wie weiter unten ausgeführt wird, handelt es sich dabei um koexistente Formen der Informationsvermittlung. Ein Photo an sich ist bloß denotiert und wird erst durch den photographischen Prozess und sprachliche Informationen konnotiert, d. h. mit zusätzlichen Bedeutungen versehen. Das Photo in denotativer Reinform kommt aber praktisch nicht vor. Das Zeichenhafte der Photographie tritt bei der Betrachtung somit in den Vordergrund (vgl. Geimer 2009: 79ff).

Die Zeitlichkeit der Photographie spielt in Roland Barthes' Theorie ebenso eine Rolle wie die Referentialität. Die Photographie ist in der Lage, zeitliche Abstände zu überbrücken und die Vergangenheit des Referenten mit der Gegenwart des Betrachters zu verbinden. Die Zeit wird bei der Betrachtung eines Photos quasi überwunden. Was der Betrachter sieht, ist keine „ (...) Deutung der Wirklichkeit, sondern ein isolierter und abgesonderter Teil dieser Wirklichkeit selbst" (Geimer 2009: 33). Referent und Photo sind direkt miteinander verbunden. Barthes erwähnt zwar an keiner Stelle explizit die Indexikalität als konstitutives Merkmal, doch die verwendeten Formulierungen und sein semiotischer Zugang legen diese Sicht natürlich nahe. Die Existenz eines Photos ist an ihre physikalisch-chemische Entstehung gebunden. Die daraus resultierende Dominanz des Referenten hat Barthes mitunter den Vorwurf des „Referentialismus" eingebracht (vgl. Geimer 2009: 31f).

Trotz der vorhandenen Kritik zählt Roland Barthes zu den einflussreichsten Phototheoretikern des 20. Jahrhunderts, der sein Augenmerk auf die kommunikative Verwendung von Photos und die damit verbundenen Schwierigkeiten legte:

„Barthes' Analyse der Fotografie kann als ein typisches Lehrstück der 1960er-Jahre angesehen werden, mit dem er die Universalität der gesellschaftlichen und kulturellen Formung auch für den Bereich der kommunikativen Prozesse nachweisen will. (...) Danach eignen sich Bilder (...) im besonderen Maße zur Manipulation (...), weil sie mit dem Gestus des Faktischen auftreten und zumindest teilweise auch in dieser Weise rezipiert werden" (Sachs-Hombach 2006: 316).

Roland Barthes hat mehrere seiner Werke der Photographie gewidmet. In seinen Aufsätzen „Die Fotografie als Botschaft" und

„Rhetorik des Bildes" befasst er sich mit den Besonderheiten der Pressephotographie bzw. eines Werbephotos, die jedoch auch für die Photographie im Allgemeinen von Bedeutung sind. Einige Gedanken davon hat Barthes in der „Hellen Kammer" weiter ausgearbeitet.[24] So etwa die Unterscheidung von denotiertem/uncodiertem und konnotiertem/codiertem Bild, die bei der Gegenüberstellung von studium und punctum wieder auftritt: Das studium ist codiert, das punctum nicht.

„Die helle Kammer", das phototheoretische Hauptwerk Roland Barthes', zählt neben den Werken Walter Benjamins zu den meistzitierten Texten der Photographietheorie des 20. Jahrhunderts (vgl. Stiegler 2006: 341). Barthes, der mit seinen Werken an semiotische Theorien anknüpft (vgl. Stiegler 2006: 347), geht es dabei nicht „(...) um eine Ontologie der Photographie, sondern um die Photographie als kulturelle Zeichenpraxis." Die ideologiekritische Analyse der gesellschaftlichen Verwendung von Photographie ist hier ebenso relevant wie das semiotische Vorgehen (vgl. Stiegler 2006: 339).

Seit ihrem Erscheinen war „Die helle Kammer" eine dominante Referenz für Autoren, die sich mit Photographie und ihrer Theoretisierung befassten (vgl. Fried 2005: 539). Ausgehend von mehr oder minder bekannten Photos (u. a. Photos von Lewis Hine, Richard Avedon, William Klein oder Robert Mapplethorpe) macht sich Barthes Gedanken über das Wesen der Photographie, Gedanken darüber, ob die „Photographie überhaupt ein ihr eigentümliches Wesen besitzt"[25] (vgl. Barthes 1989: 11). Barthes gelangt zu dem Schluss, dass die Photographie durchaus Eigentümlichkeiten besitzt. Die phototheoretischen Hauptgedanken, die in Barthes' Werken ihren Niederschlag gefunden haben, werden im Folgenden strukturiert präsentiert.

Bezug nehmend auf die FF1 sind die von Roland Barthes theoretisierten Aspekte der Photographie:

- Zwangsläufigkeit der Referentialität
- Das Photo als Gegenstand dreier Tätigkeiten
- Bild-Text-Kombinationen
- Abhängigkeit der Bedeutung vom Ort der Publikation

---

24 vgl. dazu auch Stiegler 2006: 248f

25 Insofern ist der Untertitel „Bemerkungen zur Photographie" treffend gewählt. Wie auch bei Benjamin handelt es sich hierbei nicht um eine in sich geschlossene Theorie der Photographie, wohl aber um einflussreiche, konzeptionelle Überlegungen in strukturierter Form.

- Photographisches Paradox: Denotiertes und konnotiertes Bild
- studium und punctum

Zwangsläufigkeit der Referentialität

Referentialität ist das zentrale Merkmal der Photographie in Barthes' „Die helle Kammer". Die Abhängigkeit von einem real existierenden Objekt ist konstitutiv für den photographischen Prozess (vgl. Gratton 1996: 355). Mittels Photographie lässt sich ein Ereignis, das existentiell nicht mehr stattfinden kann, unendlich oft - als Photo - reproduzieren. Dieses Photo ist mit seinem Referenten, also dem, was es darstellt, untrennbar verbunden. Barthes spricht von einer „Zwangsläufigkeit", da ein Photo niemals ohne etwas, d.h. einen Referenten, existiert (vgl. Barthes 1989: 12f). Der photographische Referent ist die notwendig reale Sache, auf die ein Bild verweist, die zum Zeitpunkt der Aufnahme vor dem Objektiv platziert gewesen sein muss und ohne die es keine Photographie gäbe. Die Referenz ist hier das Grundprinzip der Photographie: „The photograph requires a material object to give body to light (...)" (Calhoon 1998: 626).

In der Tatsache, dass ein Objekt da gewesen sein muss, verschränken sich Realität und Vergangenheit. Ein Photo verweist auf das „Dagewesensein" einer Sache, nicht auf deren Dasein (vgl. Barthes 1964: 39). Somit ist das Noema[26] der Photographie: „Es-ist-so-gewesen". Das Photo als Ding ist eindeutig in der Gegenwart verhaftet, doch es verweist auf Vergangenes, ohne aber über dessen momentanen Status Auskunft zu geben: „Die Photographie sagt (zwangsläufig) nichts über das, was nicht mehr ist, sondern nur und mit Sicherheit etwas über das, was gewesen ist." In diesem Sinn ist jedes Photo eine Beglaubigung von Präsenz, genauer gesagt, eine Beglaubigung von vergangener Präsenz: Die Photographie als „Emanation des Referenten" ist eine Emanation des vergangenen Wirklichen. Phänomenologisch betrachtet vermag die Photographie eher etwas - das Dagewesensein - zu bestätigen, als etwas wiederzugeben (vgl. Barthes 1989: 86ff).

Nach Olin ist Barthes' „Es-ist-so-gewesen" ein anderer Ausdruck für den sonst in diesen Zusammenhängen häufiger verwendeten Peirce'schen Begriff des Index bzw. Indexikalischen. Dort wird er

26 „Noema" bezeichnet in der Phänomenologie den Inhalt eines Gedankens im Unterschied zum Denkvorgang.

meist dem Ikon gegenübergestellt. Im Photo verbinden sich die beiden semiotischen Kategorien. Es ist ein Ikon, dessen Präsenz durch den indexikalischen Charakter der Photographie beglaubigt wird (vgl. Olin 2002: 100).

Gratton bemerkt in diesem Zusammenhang, dass das Zeichensystem Sprache beliebiger Natur ist, auf Übereinkunft beruht und keine visuelle Referenz wie die Photographie besitzt. Sprache kann im Barthes'schen Sinne nicht als Beglaubigung von (vergangener) Wirklichkeit fungieren (vgl. Gratton 1996: 357). Die Sprache ist vollkommen unabhängig von Raum und Zeit. Mit ihr lassen sich Aussagen über Vergangenheit und Zukunft machen, wahre (im logischen Sinn) und fiktionale. Die Photographie - oder in diesem Zusammenhang besser: ein Photo[27] - hingegen kann sich nur auf die Vergangenheit beziehen und ist somit nur der „Beweis" eines da gewesenen Referenten zum Zeitpunkt der Aufnahme.

Photo als Gegenstand dreier Tätigkeiten

Das Photo als materielles oder potentiell materielles[28] Objekt kann Gegenstand dreier Tätigkeiten sein (vgl. Barthes 1989: 17):

a) tun: *operator* = Photograph
b) betrachten: *spectator* = Rezipient; Betrachter von Photos
c) geschehen lassen: *spectrum* = Referent; das, was photographiert wird

Barthes bezieht sich hierbei auf die beiden am photographischen Prozess beteiligten Hauptakteure: Einerseits auf den Photographen, der das Bild aufnimmt, es bearbeitet, publiziert usw. Andererseits auf den Rezipienten, der das Photo betrachtet, sei es im privaten Umfeld oder im massenmedialen Kontext.

In der Praxis ist der photographische (Kommunikations-)Prozess nur in den seltensten Fällen auf zwei Akteure beschränkt. Gerade im massenmedialen Kontext wird ein von einem Photographen

---

27 Die Photographie als solche bzw. der Photograph als Akteur im photographischen Prozess bezieht sich zum Zeitpunkt der Aufnahme zweifellos auf die gegenwärtige Realität. Sobald aber das Photo als materielles oder digitales Objekt existiert, ist es zwangsläufig ein Verweis auf die Vergangenheit.

28 Potentiell materiell deshalb, weil das Photo als solches ja noch nicht existiert, auch wenn der Photograph handelt, d.h. sich im Prozess des Photographierens befindet.

produziertes Bild zahlreiche Stationen (z.B. Retuschestudios, Bildagenturen, Redaktionen) durchlaufen - und dort natürlich auch betrachtet -, bevor es letztendlich an ein disperses Publikum weitergegeben wird.

Weiters gibt es auch noch den Referenten, das - wie oben erläutert - konstitutive Element der Photographie. Dieser kann eine Person, aber auch ein Objekt sein. In beiden Fällen ist die Passivität kennzeichnend. Die Rolle des Photographen ist aktiv, die des Rezipienten aktiv, was die Auswahl der Medien, passiv, was die Betrachtung des Photos betrifft.

Bild-Text-Kombinationen

Eine der wohl wichtigsten Überlegungen ist die zur Kombination von Bild und Text in Form einer multimodalen Kommunikation: Die Gesamtheit der Information, die Bedeutung eines Photos, resultiert aus zwei unterschiedlichen Strukturen, nämlich aus Bild(ern) und Sprache (vgl. Barthes 1961: 12f).

Die Verwendung von Text ist eine der stärksten und am häufigsten benutzten Konnotationsmöglichkeiten.[29] Die Schrift/das Wort ist ein integraler Bestandteil der Bild-Text-Informationsstruktur. Es stellt sich in diesem Zusammenhang die Frage: „Verdoppelt das Bild gewisse Informationen des Textes (...) oder fügt der Text dem Bild eine noch nicht geäußerte Information hinzu?" Besonders im Bereich der Massenmedien wird klar, dass diese beiden Informationsstrukturen häufig komplementär verwendet werden. Das Bild erscheint niemals nur als Bild. Es ist immer in sprachliche Texte eingebettet (Barthes 1964: 33f). Der Text als „parasitäre Botschaft" konnotiert das Bild und kann ihm völlig neue Signifikate einhauchen, die auf das Bild projiziert werden und nicht aus ihm selbst herauslesbar sind. Hier sind die Nähe und Form des Textes ausschlaggebend: Eine Schlagzeile hat einen anderen Effekt auf das Bild als die Bildunterschrift (vgl. Barthes 1961: 21f).

Die Sprache kann im Bild-Text-Gefüge zwei Funktionen übernehmen (vgl. Barthes 1964: 34ff):

[29] Barthes erwähnt den Text nicht bei den oben angeführten Konnotationsverfahren, da es sich um ein eigenes, nämlich sprachliches, System handelt (im Unterschied zum bildlichen, auf das sich die genannten Verfahren beziehen). Dennoch ist es eine Möglichkeit, das Photo zu konnotieren.

1. Verankerungsfunktion: Hier hat der Text eine Erhellungsfunktion und dient der Kontrolle der Interpretationsmöglichkeiten. Durch den Text „kontrolliert" der Produzent oder Distributor das Betrachten des Bildes. Der Text hat einen repressiven Wert hinsichtlich der Freiheit der Signifikate des Bildes.

2. Relaisfunktion: In diesem weitaus seltener anzutreffenden Fall besteht ein komplementäres Verhältnis zwischen Bild und Text. Die Bedeutung entsteht überhaupt erst durch Kombination von Bild und Text.[30]

Abhängigkeit der Bedeutung vom Ort der Publikation

Barthes spricht dies in seinem Aufsatz zwar nur am Rande an (vgl. Barthes 1961: 11), umso wichtiger ist aber dieser auch später von anderen Autoren aufgegriffene Gedanke[31]. Er bezieht sich im Unterschied zum unmittelbaren Kontext (Titel, Bildunterschrift etc.) auf den Erscheinungsort eines Photos. Damit kann sowohl der geographische Ort als auch das Medium gemeint sein, in dem das Photo veröffentlicht wird. So kann ein Photo unterschiedliche Bedeutungen annehmen, je nachdem ob es bspw. in einer Tageszeitung oder in einem Kunstmagazin veröffentlicht wird.

Photographisches Paradox: Denotiertes und konnotiertes Bild

Das photographische Paradox besteht in der Koexistenz von uncodierter und codierter Botschaft. Das Photo übermittelt die „Begebenheit als solche", das „buchstäblich Wirkliche", es ist das „perfekte Analogon des Wirklichen". Trotz der dem photographischen Prozess immanenten Reduktionen (Maßstab, Perspektive, Farbe) ist es eine „Botschaft ohne Code". Das Photo als „mechanisches Analogon" des Wirklichen ist objektiv, uncodiert, bloß denotiert. Semiotisch formuliert ist diese bloße Denotation auf den

30 Barthes nennt als Beispiel humoristische Zeichnungen oder Comics. Dort wird der Text nicht dazu verwendet, die vom Produzenten intendierte Bedeutung zu rezipieren, sondern die Bedeutung entsteht überhaupt erst durch das Zusammenspiel von Bild und Text.

31 vgl. z.B. Sachs-Hombach 2006: 157f

indexikalischen Ursprung des Photos zurückzuführen.[32] (Vgl. Barthes 1961: 12ff).

Andererseits ist das Photo durch folgende Konnotationsverfahren codiert. Sie dienen dazu, dem Photo zusätzliche Bedeutung(en) zu verleihen (vgl. Barthes 1961: 16ff):

> -*Photomontage:* tritt innerhalb der Denotationsebene der Photographie auf, verwendet die Glaubwürdigkeit des Photos, um eine stark konnotierte als bloß denotierte Botschaft erscheinen zu lassen[33]
>
> -*Pose:* Haltung von photographierten Personen, die zusätzliche Bedeutung einhauchen kann
>
> -*Objekte:* der konnotierte Sinn entsteht durch die photographierten Objekte
>
> -*Photogenität:* technische Effekte, Nachbearbeitung, Retusche
>
> -*Ästhetizismus:* Rückgriff auf der Malerei entlehnte klassische Kompositionen oder Effekte
>
> -*Syntax:* Bilderserie - Konnotation entsteht durch „suprasegmentale Verkettung", die im Einzelbild nicht vorhanden wäre

Was also ist das photographische Paradox genau? Theoretisch könnten Photos die Wirklichkeit als solche wiedergeben, ganz objektiv. Praktisch ist es aber so, dass schon allein durch die Auswahl des Objektes das Photo konnotiert wird. Ein denotiertes Photo in Reinform kann nur theoretisch existieren, da es durch jegliches Zutun des Photographen automatisch konnotiert wird.

Gerade bei der Rezeption von Massenmedien ist Vorsicht geboten, da die konnotierte Botschaft unter dem Deckmantel der denotierten auftritt. Photos werden zur vermeintlich objektiven Wiedergabe der Realität benutzt. Photos von Geschehnissen behaupten, dass es sich so zugetragen hat. Doch das Pressephoto ist ein „(...) ausgefeiltes, ausgewähltes, strukturiertes und konstruiertes Objekt, das nach professionellen, ästhetischen oder ideologischen Normen behandelt wird, die allesamt Konnotationsfaktoren sind."

---

32 Barthes führt diese Tatsache in seinem Werk „Die helle Kammer" genauer aus.

33 Hier ist heute auch die digitale Bearbeitung von Photos zu nennen. Diese macht es sich zu Nutze, dass Photos immer noch als objektive Wiedergabe der Realität betrachtet werden.

Es ist daher stark konnotiert. Die rein theoretische Möglichkeit der bloßen Denotation verleiht ihm den Charakter eines authentischen Dokuments (vgl. Barthes 1961: 14f).

Auf ähnliche Weise lassen sich codiertes und nicht-codiertes Bild unterscheiden. Jedes Photo besteht aus zwei Botschaften: einer codierten und einer nicht-codierten bildlichen Botschaft. Die nicht-codierte (= buchstäbliche) Botschaft ist gewissermaßen der Träger der kodierten (= symbolischen) Botschaft. Das buchstäbliche Bild ist denotiert und nicht codiert, das symbolische ist konnotiert und codiert. Das auf der Denotationsebene notwendige Wissen ist nur von der menschlichen Wahrnehmung abhängig (z.B. Tomate auf einem Bild als Tomate erkennen). Um die Konnotationsebene verstehen zu können, benötigt der Betrachter „kulturelles Wissen" (z.B. Tomate als Sinnbild italienischen Lebensgefühls sehen)[34] (vgl. Barthes 1964: 31ff).

studium und *punctum*

Die Unterscheidung von studium und punctum bei der Betrachtung eines Photos ist wohl das bekannteste Konzept Barthes'. Das gleichzeitige Auftreten zweier Elemente entscheidet über das Interesse an einem Photo (vgl. Barthes 1989: 35ff):

Das studium ist eine Art allgemeiner Beteiligung. Es verweist auf konventionelle Informationen, die kulturell geprägt sind, und ermöglicht, die Absicht des Photographen nachzuvollziehen. In diesem Sinne ist es codiert.

Das punctum ist das Zufällige eines Photos, ein Detail, das das studium durchbricht, aus ihm hervorsticht (Irritation). Es ist uncodiert und höchst subjektiv. Es ist „(...) das, was ich dem Photo hinzufüge und was dennoch schon da ist." (Barthes 1989: 65).

Das studium betrifft das, was das Photo unmittelbar zeigt. In diesem Sinne ist es natürlich von der Referentialiät der Photographie im Allgemeinen und vom Referenzobjekt im Besonderen abhängig. Es geht um all jene Informationen, die der Betrachter mit durchschnittlichem kulturellem Wissen - das in etwa dem des Photographen entspricht - aus dem Photo „herauslesen" kann. Da es sich sowohl beim Produktions - als auch beim Rezeptionsprozess um durch Sozialisation geprägtes Wissen handelt, ist es codiert.

---

34 Barthes analysiert in diesem Zusammenhang die Werbung eines italienischen Lebensmittelherstellers.

Das Irritative, das Unbeschreibbare macht das punctum aus: „Was ich benennen kann, vermag mich nicht eigentlich zu bestechen. Die Unfähigkeit, etwas zu benennen, ist ein sicheres Anzeichen für innere Unruhe." (Barthes 1989: 60). Irritativ darf aber nicht mit schockierend verwechselt werden. Das punctum ist nicht ein Element bspw. schockierender Pressephotos. Es ist ein Detail, das nicht vom Photographen absichtlich platziert worden sein darf. Nur dann kann es ein punctum sein (vgl. Barthes 1989: 57).

Der Effekt des punctum auf den Betrachter hängt von der Nichtexistenz des punctum für den Photographen ab. Das punctum darf vom Photographen nicht als solches intendiert worden sein, das ist Barthes' „antitheatralische Forderung", wie es Fried formuliert, sonst fiele es in den Bereich des studium. Dies ist vergleichbar mit der auf Diderot zurückgehenden Unterscheidung zwischen „etwas sehen" und „etwas gezeigt bekommen": Das punctum wird dem Betrachter niemals gezeigt, sondern er sieht es (im Photo). Umgekehrt ist das punctum für Fried die ontologische Garantie, dass ein Photo wahrhaftig antitheatralisch, d.h. vom Photographen nicht gestellt, ist (vgl. Fried 2005: 546ff).

Das punctum ermöglicht dem Betrachter einen Zugang zu Vorstellungen und Gefühlen, der ihm ohne das Photo verwehrt geblieben wäre. Lowenstein spricht in diesem Zusammenhang von der Unvorhersehbarkeit des punctum. Kennzeichnend für das punctum ist ja, dass es nicht vom Photographen vorhergesehen oder platziert werden konnte, da es sonst automatisch dem studium zuzurechnen wäre. Lowenstein formuliert den Unterschied zwischen studium und punctum in einem prägnanten Vergleich: „(...) the extraordinary, „wounding" affect produced for the viewer by the punctum is as private, intimate, and untranslatable as the studium's „average" affect is public, social, and articulable." Das punctum ist also ein hochsubjektives und kontingentes Element eines Photos. Es ist für den Photographen unvorhersehbar und für den Betrachter schwierig zu artikulieren. Das studium hingegen ist für die Masse der Betrachter zugänglich, leicht ersichtlich und somit kollektiv vorhanden (Lowenstein 2007: 60).

5.1.3 Charles Peirce

Charles Sanders Peirce (1839-1914) gilt als Begründer der neueren Allgemeinen Semiotik. Er war ein Universalgenie und hat sich in verschiedenen wissenschaftlichen Disziplinen hervorgetan. Sein semiotisches Werk hat er aus der Philosophie, insbesondere der Logik und Erkenntnistheorie entwickelt. Die Relevanz des Peirce'schen Werks wurde zuerst in der Philosophie erkannt, fand später aber auch Eingang in andere Wissenschaftsbereiche. Peirce vertrat eine pansemiotische Sicht des Universums. Er entwickelte seine Zeichentheorie über ein halbes Jahrhundert lang, hat aber nie eine Gesamtdarstellung verfasst[35]. Nur ein kleiner Teil der Arbeiten liegt in Buchform dar (die so genannten „Collected Papers", editiert von 1931-1958). Das Meiste ist nur auf Mikrofilm vorhanden. An einer ca. 30 Bände umfassenden Werkausgabe wird seit 1982 gearbeitet (vgl. Nöth 2000: 59ff).

Peirce ist Vertreter eines triadischen Zeichenmodells (vgl. Nöth 2000: 139f). Die drei Korrelate - Zeichenträger, Bedeutung und Referenzobjekt - werden meist als semiotisches Dreieck dargestellt:

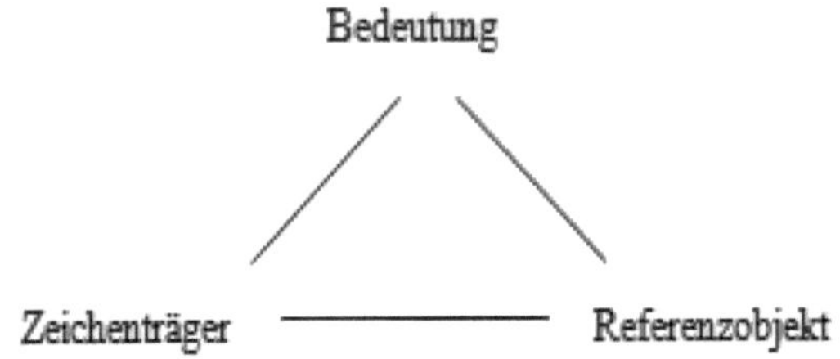

Abbildung 4 Eigene Darstellung in Anlehnung an Nöth (2000: 139)

Peirce beschreibt dieses Modell in prägnanter Weise:

> „Ein *Zeichen* (= Zeichenträger, Anm.) ist ein Ding, das dazu dient, ein Wissen von einem anderen Ding zu vermitteln, das es, wie man sagt, *vertritt* oder *darstellt*. Dieses Ding nennt man das *Objekt* (= Referenzobjekt, Anm.) des Zeichens. Die vom Zeichen hervorgerufene Idee im Geist, die ein geistiges Zeichen desselben Objekts ist, nennt man den *Interpretanten* (= Bedeutung, Anm.) des Zeichens." (Peirce 1895: 204).

Die drei Korrelate sind z.B. bei Sprache leichter zu unterscheiden als bei Photos. Bei Letzteren fallen die Bedeutung und das Referenzobjekt häufig zusammen. Referenztheoretisch betrachtet ist nämlich die Bedeutung eines Zeichens das bezeichnete Objekt (vgl. Nöth 2000: 152).

---

35 Auf diese Tatsache ist die uneinheitliche Benennung der Zeichenkategorien zurückzuführen. Siehe dazu weiter unten.

Peirce' Semiotik basiert auf ontologischen und phänomenologischen Überlegungen, deren Kern die drei Universalkategorien Qualität, Relation und Repräsentation sind. In der letzten Kategorie sind die eigentlichen semiotischen Prozesse anzusiedeln, wobei auch die anderen Kategorien semiotische Aspekte besitzen können. Das Peirce'sche Zeichensystem ist hochkomplex und besteht aus insgesamt zehn Hauptzeichenklassen. Die drei bekanntesten und am häufigsten aufgegriffenen Zeichen sind folgende drei der insgesamt neun Subzeichenklassen: Ikon, Index und Symbol. Die Zeichen werden hier durch den Bezug zu ihrem Objekt bestimmt. Eine andere Kategorie ist die der Quali-, Sin- und Legizeichen: Sie beschreibt den Aspekt eines Zeichens an sich, das in nichtrelationaler Weise betrachtet wird. Die dritte Kategorie beinhaltet die Zeichen Rhema, Dicent und Argument: Hier geht es um das Verhältnis des Zeichens zur Bedeutung, die es annehmen kann (vgl. Nöth 2000: 61f).

Die photospezifischen semiotischen Überlegungen finden sich ausschließlich in den Schriften zu den Objektrelationen der Zeichen. Die entsprechenden Passagen, die sich auch ein Jahrhundert später als äußerst variabel erweisen, wurden von zahlreichen Phototheoretikern aufgegriffen.

Das Photo als Zeichen zu bestimmen, hat in der Photographietheorie Tradition (Stiegler 2006: 337). Wenn von Photographie und Semiotik respektive Indexikalität die Rede ist, wird fast immer auf den semiotischen Klassiker Charles S. Peirce verwiesen[36]. Peirce selbst war aber kein genuiner Phototheoretiker, sondern hat im Laufe seines Lebens ein hochkomplexes semiotisches Werk geschaffen, in dem auch die Photographie Beachtung findet. Ein Überblick über die Peirce'sche Semiotik konnte nur andeutungsweise gegeben werden. Im Folgenden wird das Peirce'sche Zeichensystem der Objektrelationen (Ikon, Index, Symbol) in kompakter Form dargestellt.

Bezug nehmend auf die FF1 sind die von Charles Peirce theoretisierten Aspekte der Photographie der

- ikonische, der
- indexikalische und der
- symbolische Aspekt,

36 vgl. z.B. Elkins 2007: 130ff, Doelker 2002: 71, Dubois 1990: 102

jeweils abgeleitet aus dem Zeichensystem der Objektrelationen.

Nach der Peirce'schen Minimaldefinition ist ein Zeichen etwas, das „(...) dem Verstand eine Idee von einem Ding vermittelt" (Peirce 1893:193). Dieser Definition zufolge sind Photos zweifellos Zeichen, da sie dem Betrachter die Idee des auf dem Photo abgebildeten Objektes vermitteln.

Peirce unterscheidet drei Arten von Zeichen, die in unterschiedlichen Verhältnissen zu den Objekten stehen, auf die sie verweisen: Ikons vermitteln die Ideen der Objekte dadurch, dass sie sie nachahmen, d.h. ihnen ähnlich sind. Indizes vermitteln die Ideen der Objekte, da sie physisch mit ihnen verbunden sind. Symbole erhalten ihre Bedeutung durch ihre Verwendung, d.h. aufgrund von Konventionen (vgl. Peirce 1893: 193).

Peirce hielt immer an dieser Einteilung von Zeichen fest, hat sie aber im Lauf der Zeit etwas modifiziert. Mitunter gab er den Zeichen der jeweiligen Kategorien andere Namen. Die bekanntesten wurden soeben erwähnt. Im Folgenden werden sie der Übersicht halber nochmals dargestellt, zusammen mit ihren Synonymen und kurzer Erklärung. Die Zeichen der jeweiligen Kategorien stehen in unterschiedlichen Verhältnissen zu den Objekten, auf die sie verweisen (vgl.: Peirce 1867: 155, Peirce 1893: 193, Peirce 1901: 390f, Peirce 1903: 435)[37].

> **Ikons** (Ähnlichkeiten, Similes, originäre Zeichen): Vermitteln die Ideen der Objekte durch Nachahmung/Ähnlichkeit. Besitzen die signifikante Eigenschaft aufgrund ihrer Qualität. Erfüllen die Funktion eines Zeichens aufgrund eines Merkmals, das sie in sich selbst besitzen, unabhängig von der Existenz des Objektes.
>
> **Indizes** (Zeichen, Indikatoren, obsistente Zeichen): Sind physisch mit den Objekten verbunden. Besitzen die signifikante Eigenschaft aufgrund genuiner Relation. Erfüllen die Zeichenfunktion aufgrund eines Merkmals, das vom Objekt und dessen Existenz abhängig ist.
>
> **Symbole** (allgemeine Zeichen, genuine/transuasionale Zeichen): Die signifikante Eigenschaft ist durch Verwendung und Übereinkunft festgelegt. Erfüllen die Funktion eines Zeichens - unabhängig von irgendeiner Ähnlichkeit oder Verbindung zum Objekt - nur dadurch, dass sie als Zeichen interpretiert werden.

---

37 Die Dreiteilung findet sich in unterschiedlichen Werken in einem Zeitraum mehrerer Jahrzehnte.

Als Beispiel für Zeichen, die Charakteristika zweier Zeichenarten enthalten, erwähnt Peirce Photos. Sie zeichnen sich einerseits durch Ähnlichkeit mit den Objekten, auf die sie verweisen, aus (Ikon), andererseits durch eine physische Verbindung mit diesen Objekten (Index).

> „Photographien, besonders Momentaufnahmen, sind sehr lehrreich, denn wir wissen, dass sie in gewisser Hinsicht den von ihnen dargestellten Gegenständen genau gleichen. Aber diese Ähnlichkeit ist davon abhängig, dass Photographien unter Bedingungen entstehen, die sie physisch dazu zwingen, Punkt für Punkt dem Original zu entsprechen. In dieser Hinsicht gehören sie also zu der zweiten Zeichenklasse, die Zeichen aufgrund ihrer physischen Verbindung sind." (Peirce 1893: 193).

Die Ähnlichkeitsbeziehung zwischen Photo und dem darauf abgebildeten Objekt (= Ikonizität) ist also auf die optisch-kausale Verbindung zwischen Photo und Referenzobjekt (= Indexikalität) zurückzuführen. Der indexikalisch-ikonische Charakter der Photographie ist bis heute eines ihrer viel zitierten Merkmale, oft gelobt und auch kritisiert. Mit der Einschränkung „in gewisser Hinsicht" spricht Peirce zugleich implizit die Reduktionen an, die ein Photo kennzeichnen. Es ist eben nicht die Verdoppelung von Wirklichkeit, sondern ein reduktives, auf optischen Gesetzen beruhendes Abbild, das aber von der Wirklichkeit abhängig ist. Es hat also nur das Wahrnehmungsmodell mit dem Objekt gemein (= perzeptuelle Ähnlichkeit). Eco spricht auch von einer „Realisierung von ikonischen Äquivalenten der Wahrnehmung" (Eco 2002: 213f.).

5.1.3.1 Exkurs: Wahrheitsgehalt von Bildern

Aufgrund des indexikalischen Funktionsprinzips wurde nicht nur in der Theoriegeschichte der Photographie, sondern auch im Bereich der Pressephotographie immer wieder die Frage aufgeworfen, ob Photos in der Lage seien, Wirklichkeit abzubilden und wahr zu sein. Von Seiten der Semiotik hat diese Frage nach der Wahrheit in Bildern eine semantische, eine syntaktische und eine pragmatische Dimension:

> „From a semantic point of view, a true picture must be one which corresponds to the facts it depicts. From a syntactic point of view, it must be one which represents an object and conveys a predication about this object, and from the pragmatic point of view there must be an intention to deceive on the part of the addresser of the pictorial message." (Nöth 1997b: 134).

Semantische Dimension (vgl. Nöth 1997b: 134f)

Photos scheinen der Prototyp wahrer visueller Mitteilungen zu sein, da sie das semantische Kriterium der Übereinstimmung mit den sichtbaren Fakten erfüllen. Diese Sichtweise geht zurück auf die indexikalisch-ikonische Natur der Photographie (Peirce), die ihr immer noch eine hohe Glaubwürdigkeit verleiht. Dennoch können Photos manipuliert werden und somit in starkem Kontrast zur vermeintlichen Wirklichkeitstreue stehen.

Syntaktische Dimension (vgl. Nöth 1997b: 137ff)

In der Sprache können nur Verknüpfungen von zumindest einem Subjekt und einem Prädikat wahr oder falsch sein. Es stellt sich die Frage, ob bei Bildern/Photos auch syntaktische Verbindungen möglich sind, d.h. ob sie nicht nur Objekte repräsentieren, sondern auch Aussagen darüber machen können. Drei Argumente sprechen allerdings dagegen[38]:

1. „Contextual Incompleteness": Vom syntaktischen Standpunkt aus betrachtet „funktioniert" das Bild nur in einem Bild-Text-Gefüge. Erst in Kombination mit Sprache liegt eine Gesamtaussage vor, die wahr oder falsch sein kann.

2. „Nonsegmentability": Anders als in einem Satz kann die Information eines Bildes nicht in aufeinander folgenden Teilen, sondern nur im Ganzen präsentiert werden. Eine der Satzlogik entsprechende Reihung der Argumente ist nicht möglich.

3. „Dicentic Vagueness": Bilder sind zu vieldeutig und vage, um wahr oder falsch zu sein. Andererseits wird diese Polysemie - wie auch bei der Sprache - durch kontextuelles und kulturelles Wissen eingegrenzt.

Pragmatische Dimension (vgl. Nöth 1997b: 142ff)

Die pragmatische Unbestimmtheit spricht gegen Bilder als alleiniges Mittel, Aussagen zu machen. Was teilt ein Bild dem Betrachter mit? Nöth bringt ein Beispiel von Wittgenstein: Das Photo eines Boxers kann zeigen, wie man stehen soll, oder wie man nicht stehen soll, oder wie ein Mann in einer bestimmten Situation stand etc.

---

38 Da für diese drei Begriffe keine optimale deutsche Übersetzung gefunden werden konnte, wurden sie im englischen Original gelassen.

Hier geht es grundsätzlich um die Frage, ob Photos alleine überhaupt Aussagen machen können, denn ein Bild eines Objekts sagt noch nichts darüber aus, was der Photograph dem Betrachter damit sagen wollte. Es kann bloß Gegebenheiten darstellen. Für alles weitere ist wiederum Sprache nötig.

Sowohl Bilder als auch Sprache müssen jedoch immer im Gesamtkontext betrachtet werden. Erst dann lassen sich Aussagen über möglicherweise vorhandene wahre oder falsche Aussagen treffen.

Die Frage nach der Wahrheit in Bildern hat im Zeitalter der Digitalisierung eine neue Dimension angenommen. Nur wahr oder nur falsch allein ist nicht mehr ausschlaggebend. Vielmehr geht es um das manipulative Potential, das im Produktions- und Distributionsprozess vorhanden ist, und die sich daraus ergebenden Möglichkeiten, Rezipienten zu manipulieren. Auf diese Aspekte wird im Kapitel Digitalisierung weiter eingegangen.

5.2 Wesensmerkmale

Walter Benjamin, Roland Barthes und Charles Peirce - sie und viele andere Theoretiker haben sich Gedanken über die Photographie gemacht. Gedanken darüber, was die Photographie ausmacht: Die Schnelligkeit der Entstehung, ihre semantische Unzulänglichkeit oder der starke Bezug zur Realität sind nur einige Aspekte. Gemeinsam ist ihnen, dass es sich um Wesensmerkmale der Photographie handelt, um Eigenschaften, die die Photographie als visuelles Phänomen konstituieren und definieren.

In den nachfolgenden Kapiteln werden die konstitutiven Wesensmerkmale des photographischen Bildes anhand der zuvor erarbeiteten Theorien von Benjamin, Barthes und Peirce expliziert.

Photos als bloße Wiedergabe der Realität zu sehen, wie dies immer noch die landläufige Meinung ist, wird der Komplexität der Photographie nicht gerecht. Dennoch: „Über Fotografien versichern wir uns medial der Realität, der Wirklichkeiten, in denen wir leben und die wir als unsere Wirklichkeit ansehen" (vgl. Stiegler 2010: 23). Stiegler spricht zu Recht im Plural und zugleich von der Subjektivität der Wahrnehmung. Wir versuchen uns medial der Realität zu versichern. Dabei werden zahlreiche Wirklichkeiten konstruiert, sowohl von Photo-Produzenten als auch von Rezipienten.

Da Photos massenhaft produziert und vervielfältigt werden können, sind sie prädestiniert für Massenmedien/Massenkommunikation (vgl. Santaella 1997: 130). Ein Blick in Zeitungen oder Zeitschriften genügt, um sich davon zu überzeugen. In massenmedialen Kommunikationsprozessen werden Photos tagtäglich als Abbilder der Welt präsentiert. Sie sollen möglichst objektiv zeigen, wo, wie und wann etwas stattgefunden hat. Ein Photo, der „Primus inter pares der Repräsentationsmedien" (Lunenfeld 2000: 347), kann jedoch niemals die Realität duplizieren; darüber sind sich Phototheoretiker einig.

Dennoch wird Photographie fälschlicherweise immer noch interpretiert als eine dokumentarische, an Fakten gebundene Sichtweise der Welt (vgl. Cohen 2007: 220). Der große Realitätsgehalt ist bestimmt ein wesentliches Element der Photographie. Er ist verantwortlich für ihre vermeintliche Objektivität und die daraus resultierende „Photo-Bildgläubigkeit" (Schmoll 1952: 12). Denn der Photoapparat als „Registriermaschine von Wirklichkeitsabbildern" wird für die Dokumentation jeglicher Sachverhalte (Presse, privat) verwendet (vgl. Schmoll 1955: 30). Die partielle Abwesenheit des Menschen und die an einen Automatismus gebundene Herstellung sind entscheidend für den Beglaubigungscharakter der Photographie (vgl. Geimer 2009: 64).

Der photographische Akt reproduziert aber nicht die Wirklichkeit, schafft nicht dokumentarische Abbilder, sondern produziert, und zwar Photos. Ein Photo reproduziert also nicht die Realität, sondern produziert seine eigene Wirklichkeitskonstruktion in Form eines zweidimensionalen Objektes (vgl. Frizot 2007: 271f.). Oder um mit Stiegler zu sprechen: „Die Fotografie verdoppelt nicht die Wirklichkeit, sondern konstituiert das Bild der Wirklichkeit." (vgl. Stiegler 2010: 23). Durch ihr Entstehungsprinzip - die Abbildung des Referenten - ist sie, wie Peirce es formulierte, direkt mit der Wirklichkeit verbunden. Es besteht eine physikalische Verbindung zwischen Realität und Referenzobjekt. Obwohl die Referentialität ein zentrales Merkmal der Photographie ist, käme die Reduktion auf das indexikalische Prinzip einer Reduktion der komplexen Peirce'schen Systematik gleich, ja einem völligen Fehlverständnis derselben. Bei der indexikalischen handelt es sich nur um eine von zahlreichen, existentiellen Verbindungen zwischen Bild/Photo und Welt. Ein Photo ist ein in seiner Bedeutung u. a. vom Kontext beeinflusstes variables Objekt. Eine rein referentielle Sicht würde dieser Tatsache nicht gerecht werden (vgl. Lefebvre 2007: 220ff.).

Dass ein Photo mehr sein kann - und zugleich weniger ist - als ein Abbild der Realität, wird im Folgenden gezeigt. Die konstitutiven Wesensmerkmale des photographischen Bildes werden in einzelnen Unterkapiteln dargestellt, wobei erwähnt sein muss, dass sie nicht unabhängig voneinander existieren, sondern in einem interdependenten Verhältnis stehen und zusammen das Photo konstituieren. Der reduktive Aspekt des Ausschnitts beinhaltet zugleich eine subjektive, konstruktivistische Komponente. Ebenso sind die Präsentationsumgebung und der Kontext subjektiv geprägt. Und die Referentialität kann durch Zusatzinformationen eine andere Bedeutung bekommen.

Ganz gleich ob man Photos als realistische Abbilder, als Repräsentation visueller Erfahrung (vgl. Friday 2001: 360) oder in ihrer Transparenz (Walton 1984: 251) wahrnimmt: Das Wesen der Photographie und ihr Bezug zur Realität sind durch bestimmte Merkmale charakterisiert. Unter Rückgriff auf die von Walter Benjamin, Roland Barthes und Charles Peirce theoretisierten Aspekte (FF1) lassen sich bezüglich der FF2 „Welche konstitutiven Merkmale des photographischen Bildes lassen sich in den Theorien von Walter Benjamin, Roland Barthes und Charles Peirce ausmachen?" folgende fünf konstitutive Wesensmerkmale des photographischen Bildes erkennen:

- Referentialität
- Relativität
- Subjektivität
- Reduktion
- Technik

5.2.1 Referentialität

Folgende von den gewählten Autoren theoretisierten Aspekte lassen sich zum konstitutiven Wesensmerkmal „Referentialität" zusammenfassen:

- Zwangsläufigkeit der Referentialität (Barthes)

Barthes spricht von einer Zwangsläufigkeit, einer absolut notwendigen Bedingung. Ohne die Referentialität gäbe es keine Photos.

- studium (Barthes)

Dies betrifft konventionelle Informationen, die primär von den auf dem Photo abgebildeten Objekten abhängig ist. Somit gehört das studium zur Referentialität, da diese für die Ähnlichkeit der Objekte verantwortlich zeichnet.

- Photographisches Paradox: Denotiertes Bild (Barthes)

Betrifft die - zwar nur theoretisch mögliche - rein referentielle Abbildung der Wirklichkeit und zählt daher zur Referentialität.

- Indexikalität (Peirce)
Das zentrale Bestimmungsmerkmal der Referentialität ist ihr indexikalisches Funktionsprinzip.

- Ikonizität (Peirce)
Die Ikonizität ist eine Folge der Indexikalität und ist daher zur Referentialität zu zählen.

Als Begründer der Referentialität von Photos gilt Charles S. Peirce. Mit seinem Konzept des Indexikalischen verankerte er das Photo in der Realität, machte die Realität zur wichtigsten konstitutiven Komponente im photographischen Prozess. Denn Photos erfordern notwendigerweise „(...) the presence of preexisting real objects" (Santaella 1997: 121). Die von Peirce theoretisierten und dabei erstmals eingeführten Aspekte der Indexikalität und Ikonizität nennt er als wichtige Eigenschaften des Photos (Peirce 1893: 193). Die Indexikalität, d.h das photographische, physikalische Funktionsprinzip, verhilft dem Photo zur Ikonizität, d.h. der reduzierten Ähnlichkeit mit Ausschnitten der Realität.

Die Indexikalität der Photographie wirkt quasi als Beglaubigung der ikonischen Darstellung. Die Abbildung der Wirklichkeit ähnelt der menschlichen Primärwahrnehmung, weil das Bild und die Realität bzw. ein Ausschnitt davon zum Zeitpunkt der Aufnahme physikalisch verbunden waren. Der oft erhobene Objektivitätsanspruch der Photographie leitet sich davon ab (vgl. Sachs-Hombach 2005b: 38).

Referentialität und Indexikalität sind in der Photographie von besonderer Bedeutung. Die Photographie ist dadurch eng mit dem Realen und seiner theoretischen Bestimmung verbunden (vgl. Stiegler 2010: 14f). Referentialität bedeutet, dass zumindest zum Zeitpunkt der Aufnahme ein Referenzobjekt vorhanden gewesen sein muss. Das Vorhandensein eines Referenzobjektes ist also die notwendige Bedingung für das Zustandekommen eines Photos. Indexikalität bezieht sich eher auf den photographischen Prozess. Die Punkte der Wirklichkeit stehen mit denen des Photos in physikalischer Verbindung. In einem Photo „(...) a fragment of the real is captured by a machine and mediated by an agent." In diesem Prozess dominiert das Indexikalische, das aber vom Photographen gesteuert wird (vgl. Santaella 1997: 129). Ein Referenzobjekt ist also die Grundvoraussetzung. In weiterer Folge ist es mit dem Photo durch das Prinzip der Indexikalität „verknüpft": „The photo is a material, tangible form of communication between the image and the reality it visually displays." (Vgl. Van Gelder 2007: 303).

Eine Voraussetzung für Wahrnehmung im Allgemeinen und für Photographie bzw. das Photographieren im Besonderen ist eine bestimmte Art von Kontakt zwischen Objekt und wahrnehmendem Subjekt. Die quasi mechanische Verbindung zwischen Photo und Objekt - in der Terminologie der Semiotik handelt es sich um Indexikalität - kann als ein solcher Kontakt gesehen werden (vgl. Walton 1984: 269f.).

Referentialität bedeutet, dass die Photographie eine starke Verbindung mit der Realität aufweist, da sie auf die Existenz eines Referenzobjektes angewiesen ist. Semiotisch gesprochen handelt es sich dabei um Indexikalität, welche oft als Garant für die Authentizität eines Photos genommen wurde und wird. Die Ähnlichkeit von Photos mit ihren Referenzobjekten ist auch durch Indexikalität determiniert. Eine photographische Abbildung ist nur bei Vorgaben von äußerer Wirklichkeit möglich (vgl. Doelker 2002: 180f.).

Nach Walton zeichnet sich die Photographie besonders in einer Dimension aus, nämlich in der des Realismus. Dass dies allgemein anerkannt ist, zeigt sich u. a. durch die Darstellung unterschiedlichster Sachverhalte mittels Photos, die so als realistische Wiedergabe der Realität fungieren (vgl. Walton 1984: 246f.). Geimer merkt im Zusammenhang mit Realismus allerdings kritisch an: „Mit dem Konzept des Indexikalischen lässt sich also am unhintergehbaren Weltbezug fotografischer Bilder festhalten, ohne dass zugleich eine realistische Position bezogen werden muss. Dass Fotografien notwendigerweise auf reale Objekte verweisen, besagt noch nichts über die Wirklichkeitstreue der dabei entstandenen Artefakte." (Geimer 2009: 23f). Der photographische Prozess - und damit auch der Realismus und die Wirklichkeitstreue - werden nämlich von diversen Faktoren beeinflusst, die das Photo eben nicht zu einem realen, immer wahren Abbild der Wirklichkeit machen. Diese Einflussfaktoren werden im Kapitel „Relativität" behandelt. Auf sie nimmt auch Susan Sontag Bezug. Aufgrund der starken Realitätsabhängigkeit gilt ein Photo „(...) als unwiderleglicher Beweis dafür, dass ein bestimmtes Ereignis sich tatsächlich so abgespielt hat. Das Bild mag verzerren; immer aber besteht Grund zu der Annahme, dass etwas existiert - oder existiert hat ´, das dem gleicht, was auf dem Bild zu sehen ist." Photographie dient in diesem Sinne als „Mittel zur Beglaubigung von Erfahrung" (vgl. Sontag 1977: 280 und 284), gestützt auf das Prinzip der Referentialität und Indexikalität, ohne aber etwaige Verzerrungen außer Acht zu lassen. Referentialität ist keineswegs ein Garant für Wahrheit.

Im Gegensatz zur Sprache, die Bezug auf die gesamte Wirklichkeit nehmen kann, beziehen sich Photos nur auf die sichtbare Wirklichkeit (vgl. Doelker 2002: 48), meist mit zeitlichem Abstand. Die Betrachtung eines Photos ist in gewissem Sinne ein Blick in die Vergangenheit: Ein Photo kann immer nur zeigen, wie etwas zum Zeitpunkt der Aufnahme war, und nicht, wie es zum Zeitpunkt der Betrachtung des Photos ist. Zwischen Aufnahme und Betrachtung eines Photos besteht immer ein notwendiger zeitlicher Abstand (vgl. Barthes 1989: 95): „Zwischen das indexikalische Zeichen und sein Objekt tritt die Zeit. Die Fotografie zeigt, was zum Zeitpunkt der Aufnahme war." Ein Photo ist also ein Zeichen für etwas Zurückliegendes[39] (Geimer 2009: 24). Es bewirkt „eine Gleichzeitigkeit von Nähe und Distanz, Gegenwart und Entzogenheit". Während der Aufnahme trifft das Licht des photographierten Objekts auf den Film bzw. Sensor. Das Photo hält die Erscheinung zum Zeitpunkt der Aufnahme fest. Bei der späteren Betrachtung eines Photos wird der zeitliche Aspekt übersehen. Die Betrachtung eines Photos ist in gewisser Weise ein unbewusster Blick in die Vergangenheit (Geimer 2009: 34). Sontag spricht diesbezüglich von gleichzeitiger „Pseudo-Präsenz und Abwesenheit" (vgl. Sontag 1977: 292). Die Betrachtung eines Photos kann auf zwei Arten erfolgen: Entweder man betrachtet es als materielles Objekt mit Farb- und Grauschattierungen oder man übersieht die Materialität und blickt „durch" das Photo direkt auf die photographierte Szene bzw. das photographierte Objekt. Diese(s) ist zum Zeitpunkt der Betrachtung natürlich abwesend, doch aufgrund des Hindurchsehens, des Übersehens des materiellen Teils des Photos, zugleich pseudopräsent.

Scruton formuliert hinsichtlich der Referentialität eines Photos drei Thesen (vgl. Scruton 1981: 588ff):

1. Das Objekt eines Photos muss existieren bzw. existiert haben.
2. Die Erscheinung des Photos entspricht in etwa der des Objektes.

---

39 Geimer merkt an, dass Peirce die zeitliche Dimension der Photographie nicht beachtet hat (vgl. Geimer 2009: 24f).

3. Die Erscheinung des Objekts auf dem Photo entspricht der Erscheinung des Objekts zu einem bestimmten Zeitpunkt.

Damit bringt er die Indexikalität, die Ikonizität und die Zeitlichkeit der Photographie zum Ausdruck. Photographie kann nur durch Ähnlichkeit repräsentieren. In weiterer Folge werden Interesse und Bedeutung maßgeblich durch das abgebildete Objekt erzeugt.

Auch Doelker ist der Meinung, dass die grundsätzliche Bedeutung von Gegenständen in Wirklichkeit und auf Photos die gleiche ist. Der Wahrnehmungs- und Erkennungscode der Wirklichkeit gilt auch für Bildwahrnehmung. Die Bedeutung geht vom Objekt aus (vgl. Doelker 2002: 45). Das Vermögen, ein Objekt zu erkennen, betrifft die Primärwahrnehmung genauso wie die Betrachtung eines Photos desselben Objektes. Der Behauptung, dass die Bedeutung allein vom photographierten Objekt ausgeht, muss widersprochen werden. Wie im Folgenden gezeigt wird, kann die Bedeutung eines Photos durch Kontexte verändert werden.

5.2.2 Relativität

Folgende von den gewählten Autoren theoretisierten Aspekte lassen sich zum konstitutiven Wesensmerkmal „Relativität" zusammenfassen:

- Beschriftung als wichtiges Element im photographischen Kommunikationsprozess (Benjamin)
  In schriftlicher Form beigegebene Informationen relativieren die Bedeutung des Photos und zählen daher zur Relativität.

- Abhängigkeit der Bedeutung vom Ort der Publikation (Barthes)
  Auch der Ort der Publikation kann die Bedeutung eines Photos relativieren. Dieser Aspekt zählt somit zur Relativität.

- Bild-Text-Kombinationen (Barthes)
  Barthes thematisiert die unterschiedlichen Arten, auf die Bild und Text kombiniert werden können. Sie relativieren die Bedeutung eines Photos.

Ein Photo und in weiterer Folge seine Bedeutung für den Betrachter sind nicht starr und eindeutig festgelegt, sondern von verschiedenen Faktoren abhängig und somit veränderlich. Photos erscheinen „(...) in der Regel nicht vereinzelt oder isoliert, sondern meist in einem Kontext anderer Zeichensysteme, die ihre Deutungsmöglichkeiten bestimmen" (Stiegler 2006: 421). Müller spricht generell von der Multimodalität gegenwärtiger Kommunikation: Die meisten Formen visueller Kommunikation haben auch andere Komponenten. Photos erscheinen bspw. in Zeitungen praktisch nie ohne Bildunterschrift oder begleitenden Text (vgl. Müller 2007: 13). Die Bedeutungsvermittlung erfolgt multimodal. Eine Komponente davon ist der bildliche, die stark von der textuellen abhängig ist: Jedes Photo, so Geimer, der sich dabei auf die Überlegungen von Sekula bezieht, stellt innerhalb eines kommunikativen Akts eine Botschaft dar und wird somit intentional verwendet. Das Photo per se hat keine Bedeutung, ja es ist zweifelhaft, ob es überhaupt existiert. Erst durch die jeweilige Verwendung, den Kontext, erhält es eine Bedeutung. Die Bedeutung wird dem Photo von außen zugeschrieben (vgl. Geimer 2009: 89ff). Das Photo selbst sagt nichts über den Kontext aus, über den Moment, in dem es gemacht wurde, über die Intention des Photographen oder die Umstände und Motivation, die zu seiner Entstehung geführt haben. Ein sprachlicher Text ist erforderlich, um für den Betrachter das Feld der Assoziationen abzustecken (vgl. Frizot 2007: 282).

Der amerikanische Photograph und Phototheoretiker Allan Sekula ist einer der radikalsten Vertreter der Bedeutungsrelativität von Photos. Die Bedeutung eines Photos und sämtlicher anderer Aussagen in der Fotografie hängt seiner Meinung nach vom kulturellen Kontext ab. Der Glaube an die universale Bedeutung von Photos wird erschüttert, wenn man die Prämisse akzeptiert, dass Informationen Ergebnisse kulturell determinierter Beziehungen sind (vgl. Sekula 1982: 302ff). Sekula kritisiert auch Barthes' Unterscheidung zwischen Denotations- und Konnotationsebene, da in der Realität diese Ebenen untrennbar miteinander verbunden sind und eine wissenschaftliche Beschäftigung zwangsläufig auf der Ebene der Konnotationen stattfindet bzw. stattfinden muss. Photos beinhalten immer eine um-zu-Komponente, werden zu bestimmten Zwecken gemacht und sind somit immer konnotiert. Und dennoch ist „(...) die Wirkkraft der volkstümlichen Überzeugung von der klar auf einen gemeinten Inhalt verweisenden Bedeutung (...) indes beträchtlich. Sie verleiht dem fotografischen Bild den legitimen Status eines Dokuments oder Zeugnisses und umgibt es mit einer mythischen Aura der Neutralität." (Sekula 1982: 306). Mit dem Verweis auf die von Barthes behandelte Polysemie des fotografischen Bildes konstatiert Sekula, dass ein Photo für sich allein betrachtet lediglich die Möglichkeit einer Bedeutung repräsentiert. Erst in einer konkreten Kommunikationssituation wird die Bedeutung klarer (vgl. Sekula 1982: 311).

Indexikalisch betrachtet beweist ein Photo die Existenz, aber nicht den Sinn einer Realität. Die pragmatische Dimension der Photographie ist wichtig, da die Bedeutung kaum in den Photos selbst liegt, sondern hauptsächlich vom Gebrauch und vom Kontext determiniert wird. Die Indexikalität ist natürlich ausschlaggebend für die Existenz eines Photos. Sie zeichnet mitverantwortlich für die Ähnlichkeit der Photos mit den photographierten Objekten. In diesem Sinne ist das photographierte Objekt Hauptbedeutungsträger innerhalb des Photos. Die endgültige Bedeutung ist dennoch vage: „Das Index-Foto bestätigt in unseren Augen die Existenz dessen, was es repräsentiert (das So-ist-es-gewesen von Barthes), aber es sagt uns nichts über den Sinn dieser Repräsentation; es sagt uns nicht das bedeutet dies. (...) Als Index besäße das fotografische Bild keine andere Semantik als seine eigene Pragmatik." (Dubois 1990: 113f). Über die eigentliche, vom Photographen intendierte Bedeutung kann das Photo selbst nicht Auskunft geben. Es benötigt einen quasi von außen auferlegten pragmatischen Rahmen, der die Interpretationsmöglichkeiten nicht nur einschränkt, sondern auch auf eine bestimmte festlegt. Das Photo zeigt nur einen vom ursprünglichen Kontext entkoppelten Wirklichkeitsausschnitt, den der Betrachter als frei schwebendes Bild sieht. Erst die kontextuellen Beigaben verleihen ihm Bodenhaftung.

Fest steht also, dass die Bedeutung eines Photos nicht exakt determiniert ist und keineswegs nur vom Photo selbst ausgeht. Die Bedeutung eines Photos ist relativ. Ein Photo ist kein starres, rein materielles, in seiner Bedeutung fixiertes Objekt, sondern kann unterschiedliche Bedeutungen annehmen. Die Bedeutung ist variabel und hängt von der Präsentationsumgebung und den Zusatzinformationen ab.

Präsentationsumgebung

Je nach Kontext, d.h. wo und wann ein Photo gezeigt wird, kann es unterschiedliche kommunikative Bedeutungen erhalten (vgl. Sachs-Hombach 2006: 157f.). Auch Solomon-Godeau stellt fest, „(...) dass der Kontext eines Fotos eine sehr einflussreiche Determinante seiner wahrgenommenen Bedeutung ist (...)" und somit die Lektüre und Interpretation der Bilder beeinflusst (vgl. Solomon-Godeau 2003: 69).

Aber nicht nur der Ort der Präsentation beeinflusst die Bedeutung eines Photos: Die Photographie besitzt keine von den kulturellen, gesellschaftlichen und institutionellen Kontexten unabhängige Bedeutung (vgl. Wolf et al. 2003: 7). Ebenso wichtig wie der eigentliche Ort der Präsentation sind auch die kulturellen und gesellschaftlichen Rahmenbedingungen, in denen ein Photo gezeigt wird. Die Präsentationsumgebung reicht vom privaten Photoalbum über Massenmedien wie Zeitungen, Zeitschriften oder das Internet bis hin zu Kulturkreisen[40]. Aber auch die Zeit verändert die Bedeutung eines Photos - das „Zeitalter“, in dem ein Photo präsentiert wird, ist relevant: So werden Photos, die vor einigen Jahrzehnten als schockierend empfunden wurden[41], heute in Museen und Galerien ausgestellt.

Zusatzinformationen

Zusatzinformationen, d.h. der unmittelbare Kontext von Photos, sind all jene Informationen, die außerhalb eines Photos stehen. Diese Informationen gehen nicht vom Bild selbst aus, hängen aber dennoch eng damit zusammen. Sie lassen sich in visuelle und nonvisuelle Informationen unterteilen.

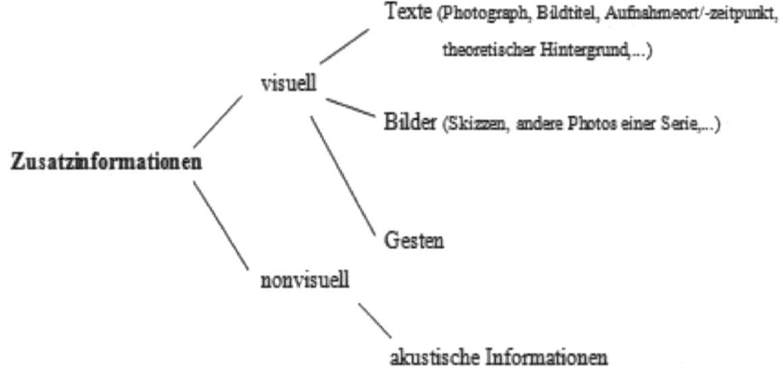

Abbildung 5 Eigene Darstellung

Die am häufigsten vorkommende Kategorie von Zusatzinformationen ist die der Texte. Nöth sieht in der Sprache auch den wichtigsten Kontext von Bildern (vgl. Nöth 2000: 481). Dies muss nicht notwendigerweise ein Text im grammatikalischen Sinn sein. Auch einzelne Wörter zählen dazu. Diese Kategorie reicht von der Anga-

---

40 Am Beispiel der jährlich weltweit gezeigten Wanderausstellung von „World Press Photo“ zeigt sich, dass die Bedeutung von Bildern vom kulturellen Präsentationsumfeld abhängig ist. Nicht alle Bilder können problemlos in allen Ländern ausgestellt werden.

41 z.B. die Bilder von Robert Mapplethorpe

be des Photographennamens über den Bildtitel, Aufnahmeort und -zeitpunkt bis hin zu umfassenden Berichten und Erklärungen des theoretischen Hintergrundes, Entstehungskontextes etc. Schon ein Wort (z.B. der Name des Photographen oder des Aufnahmeortes) kann dem Photo eine völlig andere Bedeutung verleihen.

Eine weitere Kategorie ist die der Bilder: „Zu den Kontexten, die die Interpretation eines Einzelbildes bestimmen können, zählen auch Bilder" (Nöth 2000: 486). Das können Skizzen sein, welche die Entstehung eines Photos erklären, aber auch andere Photos, z.B. in einer Serie oder Reportage.[42] Bei einer zusammenhängenden Photostory nähert sich die Photographie dem Film: die einzelnen Bilder können abseits des Kontextes oft nicht mehr richtig verstanden werden und erhalten erst in der Abfolge eine sinnvolle Bedeutung.

Wenn eine Person auf den Aufnahmeort hinweist oder zeigt, wie das Photo gemacht, die Kamera gehalten wurde, so sind dies Zusatzinformationen aus der Kategorie der Gesten. Im Bereich der Massenmedien ist diese Kategorie vermutlich eher selten anzutreffen. Wenn es aber um Hintergrundberichte geht (man denke bspw. an die Dokumentation über den Pressephotographen James Nachtwey), kann sie durchaus vorkommen.

Akustische Informationen sind verbalsprachliche Äußerungen, die das Photo betreffen, aber auch auf Tonträgern gespeicherte und abgespielte Erläuterungen oder Geräusche. Sie verleihen dem Photo zusätzliche Bedeutung. Am häufigsten kommt diese Kategorie im privaten Bereich oder in Museen/Galerien vor.

Das soeben erläuterte Wesensmerkmal „Relativität" bezieht sich auf das fertige Photo. Wie gezeigt wurde, kann die Bedeutung eines Photos durch verschiedene Kontexte - im engeren und weiteren Sinn - verändert werden. Das im folgenden Kapitel dargestellte Merkmal der „Subjektivität" nimmt auch schon vor der Aufnahme Einfluss auf das Photo.

---

42 Hier ist anzumerken, dass Bilder in der Funktion als Zusatzinformationen eigenständige Photos sein können, für die wiederum die Kategorien von Zusatzinformationen separat anzuführen sind. Die Photos einer Serie beispielsweise können diesbezüglich als gleichwertig angesehen werden: Jedes der Photos ist eigenständig und zugleich ein Teil der Zusatzinformation der anderen Photos.

5.2.3 Subjektivität

Folgende von den gewählten Autoren theoretisierten Aspekte beinhalten eine subjektive Komponente und können daher zum konstitutiven Wesensmerkmal „Subjektivität" zusammengefasst werden:

- photographische Perspektive (Benjamin)
Die photographische Perspektive wird vom Photographen gesteuert und erhält somit eine subjektive Note.

- punctum (Barthes)
Das punctum ist die höchst subjektive Komponente bei der Betrachtung eines Photos.

- Photographisches Paradox: Konnotiertes Bild (Barthes)
Das konnotierte Bild entsteht durch die codierenden Konnotationsverfahren, die vom Photographen oder anderen am photographischen Prozess beteiligten Personen nach subjektiven Gesichtspunkten ausgewählt werden.

- Symbol (Peirce)[43]
Photos können Bedeutungen zugeschrieben bekommen, die sie zu Symbolen machen. Diese Zuschreibung erfolgt - wenn auch oft kollektiv geprägt - subjektiv.

Subjektivität bedeutet, dass der gesamte photographische Prozess, Produktion wie Rezeption, von individuellen Sichtweisen der beteiligten Personen abhängig ist. Photos sind „(...) mediale Konstruktionen der Wirklichkeit. Die Fotografie ist eine visuelle Materialisierung von bestimmten Wirklichkeitsvorstellungen in Bildern" (vgl. Stiegler 2010: 21). Diese subjektive Komponente bezieht sich auf den Entstehungsprozess und beeinflusst in weiterer Folge den Rezeptionsprozess. Doelker spricht generell von der subjektiven Bedeutung der optischen Umgebung (vgl. Doelker 2002: 47). Diese beeinflusst die Rezeption der Umwelt und somit die Auswahl des Objektes, das photographiert wird. Bei der Betrachtung des Photos spielt sie ebenso eine Rolle: „Viewers of photographs are in perceptual contact with the world" (Walton 1984: 273). Der Betrachter sieht mit anderen Augen das, was der Photograph zum Zeitpunkt der Aufnahme gesehen hat, misst dem Gesehenen aber mitunter eine andere Bedeutung bei. Die Photographie

43 Von Peirce selbst wurde diese Zeichenkategorie zwar nicht der Photographie zugeordnet. Ein Blick in die Geschichte des Photojournalismus genügt aber, um zu erkennen, dass manche Photos zu Symbolen bzw. „Ikonen" geworden sind.

als symbolschaffendes System ermöglicht dem Photographen, seine Erfahrung nach subjektiven Kriterien zu strukturieren. Zwischen Photograph und Betrachter kann diesbezüglich Kongruenz, aber auch Divergenz bestehen (vgl. Cyr 1968: 42).

Ein Charakteristikum der Photographie ist ihre Momenthaftigkeit, das Festhalten der äußeren Erscheinung zu einem bestimmten Zeitpunkt (vgl. Scruton 1981: 586f.). Gerade diese Momenthaftigkeit bedingt eine Auswahl aus unendlich vielen Möglichkeiten, bei der die Subjektivität des Photographen eine entscheidende Rolle spielt. Der Aufnahmezeitpunkt und die Perspektive können einen von der Primärwahrnehmung abweichenden Eindruck hervorrufen. Die Photographie kann das - für das menschliche Auge - schwer Sichtbare fixieren (vgl. Barthes 1989: 42).

Einer der wohl bekanntesten Photographen, der französische Photojournalist und Mitbegründer der Agentur Magnum, Henri Cartier-Bresson, verweist auf eine selektive Komponente innerhalb der Subjektivität. Zweimal wählt der Photograph aus: Vor der Aufnahme erfolgt die Auswahl des Objektes, das photographiert wird, danach die Auswahl eines oder mehrerer Photos aus der Menge der gemachten Photos, die z.B. in einer Zeitschrift publiziert werden (vgl. Cartier-Bresson 1952: 198). In diesem subjektiven Selektionsprozess erfolgt implizit eine Bedeutungszuweisung, „(...) selbst wenn die Produktion des Bildes gänzlich dem Automatismus des Apparats anvertraut wird, so bleibt doch die Aufnahme selbst der Ausdruck einer Wahl, der ästhetische und ethische Kriterien zugrunde liegen (...)" (vgl. Bourdieu 1965: 270f). Eine Bedeutungszuweisung erfolgt schon allein dadurch, dass etwas photographiert, d.h. aus der Unendlichkeit der Möglichkeiten eine bestimmte gewählt wird. Der photographische Akt ist eine fundamentale Aufwertung eines wahrgenommenen Objekts zu einem Objekt, das für würdig befunden wird, photographiert zu werden. Auch Schmoll bezeichnet die Wahl der Objekte als subjektive Komponente (vgl. Schmoll 1952: 12). Prägnant hat dies Castel formuliert: „Hinter jedem Photo steht ein Relevanzurteil" (Castel 1983: 239 zit. n. Wolf 2006: 217).

Selbst wenn das Photo als die „äußerste Steigerungsform eines mimetischen Bildstrebens" (Böhme 2004: 123) gilt, sind die zahlreichen Eingriffs- und Manipulationsmöglichkeiten der Grund dafür, dass ein Photo nicht als realistisch - im Sinne von objektiv - gelten kann. Entscheidungen über die Wahl des Bildtyps (digital, Papierbild), des Ausschnittes, der Brennweite, Schärfe und Belichtungszeit und schließlich der Art der Präsentation sind nicht nur Reduktionen (wie weiter unten erläutert), sondern subjektive Einflussmöglichkeiten (vgl. Böhme 2004: 111f).

Auch Sachs-Hombach unterscheidet von Subjektivität gekennzeichnete Einflussfaktoren, die das Verhältnis der Photographie zur Realität bestimmen (vgl. Sachs-Hombach 2006: 224): Auf der Objektebene sind dies Auswahl, Arrangement, Beleuchtung, Pose, Perspektive etc. Unter den Einflussfaktor „Auswahl" fallen besonders Ort und Zeitpunkt der Aufnahme. Auf der Apparateebene sind es Schärfeneinstellung, Belichtungszeit, Blendenöffnung, Bildausschnitt etc. All dies sind Entscheidungen, die der Photograph trifft. Sie machen das Photo zu einem subjektiven Wirklichkeitsausschnitt.

Bei einer rein indexikalischen Konzeption der Photographie wäre die Bedeutung nur vom Referenzobjekt bestimmt. Die Indexikalität verleiht dem Photo zwar in einem Moment den Status einer Botschaft ohne Code (Barthes): Wenn das Licht auf die photosensible Schicht auftrifft, entsteht ein fast reiner Index, vom Menschen unbeeinflusst. Doch vor und nach diesem (meist) Sekundenbruchteil ist der photographische Prozess stark subjektiv und kulturell geprägt: Auswahl des Sujets, Kameratyp, Belichtungszeit, Perspektive etc. vor der Aufnahme und Entwicklung, Nachbearbeitung, Distribution etc. nach der Aufnahme (vgl. Dubois 1990: 102 und 111f).

Ein Photo ist immer auch Ausdruck und Symptom sozialer Beziehungen (vgl. Geimer 2009: 74). Es ist eine Beziehung zwischen Produzent und Rezipient. Die Subjektivität betrifft neben der Produktion auch die Rezeption eines Photos. Darin vereint sich die Subjektivität der Imagination mit der Objektivität der Perzeption. Die photographische Erfahrung, die Bedeutungsbildung, entsteht durch den Beitrag der Kamera (= Photo) und ihres Operators und den des Betrachters (vgl. Lowenstein 2007: 56). Was der Betrachter aber in einem Photo sieht, ist abhängig von seiner Erfahrung und Bildung (vgl. Barthes 1961: 24). Ganz gleich, ob man vom „Bildspezifikum der offenen Bedeutung" (vgl. Doelker 2002: 149), „potenzieller Polysemie des fotografischen Zeichens" (vgl. Dörfler 2000: 49) oder „semantischer Offenheit" (vgl. Nöth 2000: 482) spricht, zwischen der vom Produzenten intendierten und der vom Rezipienten realisierten Bedeutung kann es nur eine asymptotische Annäherung, im Idealfall Kongruenz geben. Bezug nehmend auf die Rezeption von Photos lässt sich auch von einer „partiellen Unvorhersehbarkeit des fotografischen Bildes" sprechen. Sie ist ein in der Theoretisierung der Photographie immer wieder behandelter Bereich[44] (vgl. Geimer 2009: 68). Jeder Betrachter sieht in einem Photo mitunter etwas anderes: Die persönliche und soziale Position des Betrachters beeinflusst das, was er im Photo sieht (vgl. Olin 2002: 99).

5.2.4 Reduktion

Folgende von den gewählten Autoren theoretisierten Aspekte verweisen auf die Tatsache, dass es sich bei einem Photo nicht um eine Duplikation der Wirklichkeit, sondern um ein reduziertes Abbild handelt. Daher lassen sie sich unter dem konstitutiven Wesensmerkmal „Reduktion" zusammenfassen.

> - photographische Perspektive (Benjamin)
> Die photographische Perspektive beinhaltet (neben der zuvor erwähnten subjektiven Komponente) zahlreiche Reduktionen (Begrenzung des Ausschnitts, Zweidimensionalität etc.).
>
> - Ikonizität
> Peirce weist bei der Ikonizität darauf hin, dass die auf Photos ersichtlichen Objekte nicht Verdoppelungen der in der Realität existierenden Objekte, sondern gleichsam reduzierte Abbilder sind.
>
> -Photographisches Paradox (z.T.)
> Barthes erwähnt Reduktionen bei der Erklärung des photographischen Paradoxes (denotiertes vs. konnotiertes Bild). Sie bewirken nach Barthes zwar keine Transformation im Sinne einer Kodierung, doch lässt sich das photographische Paradox zumindest teilweise dem Wesensmerkmal „Reduktion" zuordnen.

Reduktionen gehen mit der Referentialität einher: Die Wirklichkeit wird als Input verwendet. Da sie aber nicht dupliziert, sondern nur abgebildet werden kann, kommt es zwangsläufig zu Reduktionen, d.h. es kommt zum Verlust von Eigenschaften, die die Wirklichkeit besitzt, das Photo jedoch nicht. Aufgrund des mechanischen Verfahrens wird der Photographie Objektivität zugeschrieben. Deshalb findet sie in so vielen Bereichen des menschlichen Lebens Verwendung (z.B. Werbung, Presse, Wissenschaft). Doch handelt es sich bei einem Photo um eine von „Reduktionen gekennzeichnete Abstraktion" der Realität (vgl. Schmoll 1952: 12).

---

[44] Geimer nennt hier Walter Benjamin, Roland Barthes und Siegfried Kracauer. Bei Barthes bspw. ist es das punctum, das partiell unvorhersehbar ist.

Ähnlich sieht es ein halbes Jahrhundert später Böhme (vgl. Böhme 2004: 115f): Was Photos realistisch erscheinen lässt, ist der Vorgang der Abbildung: Mittels Linsensystem wird jedem Punkt der so gesehenen Wirklichkeit in einem physikalischen Prozess ein Punkt auf dem Photo zugewiesen.[45] Allerdings geschieht dies nicht gänzlich, da selbst ein Ausschnitt der Wirklichkeit aus unendlich vielen Punkten besteht, aber das Photo durch seine Pixelzahl bzw. Körnung in seinem Auflösungsvermögen beschränkt ist. Die Unterschiede (Reduktionen) zwischen menschlicher Wahrnehmung und Photo sprechen gegen den Realismus von Photos (vgl. Böhme 2004: 123). Böhme bezieht sich hier nur auf die optischen Unterschiede zwischen Wirklichkeit und Abbild. Wie unten erläutert gibt es zahlreiche Unterschiede, die haptische und olfaktorische Aspekte betreffen. Böhme geht es um die Unterschiede zwischen der visuellen Fülle der Wirklichkeit und dem reduzierten Abbild in Form eines Photos.

Die Unterschiede reichen aber über den rein visuellen Bereich hinaus. Reduktionen finden auf mehreren Ebenen statt. Autoren verschiedener Disziplinen sind sich darüber einig, dass Reduktionen den photographischen Prozess kennzeichnen und das Verhältnis zwischen tatsächlicher und abgebildeter Wirklichkeit bestimmen (z.B. vgl. Dörfler 2000: 14, Walton 1984: 249, Santaella 1997: 124, Böhme 2004: 123, Schmoll 1952: 12, Schmoll 1959: 37f). Zusammengefasst sind dies:

- Flachheit/Verlust der 3. Dimension
- Rahmen/Begrenzung[46]
- Bewegungs-/Zeitverlust
- Farbverlust/Farb-/Tonwertveränderungen
- Schärfe (menschliches Auge sieht nur punktuell scharf)[47]

---

45 Es ist dabei unerheblich, ob es sich um analoge oder digitale Photographie handelt: Bei dieser erscheinen die „Punkte" auf einem elektronischen Sensor, bei jener auf einer lichtempfindlichen Filmemulsion.

46 Eine gegenteilige Sicht vertritt hier Kracauer. Im Vergleich zur Photographie ist das Gedächtnis lückenhaft, weil es nicht in der Lage ist, die „totale Raumerscheinung" und den „totalen zeitlichen Verlauf" einer Szene aufzunehmen (vgl. Kracauer 1927: 232). Dem ist nicht ganz zuzustimmen: Erstens ist ja ein Photo auch nur ein auf zwei Dimensionen reduzierter Ausschnitt eines dreidimensionalen Raumes; was außerhalb dieses Ausschnitts liegt, bleibt dem Betrachter des Photos verborgen. Zweitens hält es nur einen Augenblick einer Szene fest und sagt nichts über den Aufnahmezeitpunkt, das Vorher oder Nachher aus.

- Bildwinkel/konstante Perspektive (bei menschlicher Wahrnehmung verändert sich diese durch Bewegung und Parallaxe)
- Verkleinerung/Maßstabsverschiebung
- Verlust nonvisueller Stimuli

Hinzuzufügen wäre das photographierte Objekt selbst: Durch dessen Auswahl wird die Unendlichkeit der Wahlmöglichkeiten auf ein konkretes Objekt reduziert. Allerdings muss es sich beim photographierten Objekt nicht immer um ein Objekt im Sinne eines Gegenstandes handeln. Der Terminus „Objekt" (Referenzobjekt) hat sich in der Phototheorie eingebürgert. Er bezeichnet das, was photographiert wird: Das kann ein Objekt im herkömmlichen Sinn sein, aber natürlich auch Landschaften, Personen oder Szenen.

Unabhängig vom Objekt sind Photos durch Reduktionen gekennzeichnet. In einem Photo ist die Realität (dreidimensional, unendlich, mit Geräuschen, Gerüchen etc.) auf den visuellen Eindruck, auf zweidimensionale Formen, reduziert. Die Reduktionen sind nicht nur auf verschiedenen Ebenen möglich, sondern lassen sich auch in nonvariable und variable Reduktionen unterteilen:

Reduktionen

nonvariabel	*variabel*
Verlust der 3. Dimension	Objekt
Immobilisierung	Verkleinerung
Beschränkung auf das Visuelle	Farben/Tonwerte
	Ausschnitt/Begrenzung
	Schärfe
	Perspektive

Abbildung 6 Eigene Darstellung

47 Hierbei ist nicht der Verlust von Schärfe an sich gemeint, sondern der Verlust des Fokussierens auf das Wesentliche aufgrund der durchgängigen Schärfe. Dieser Faktor kann jedoch technisch beeinflusst werden.

Der Verlust der dritten Dimension, die Immobilisierung und die Beschränkung auf das Visuelle sind nonvariable Reduktionen, die nicht durch den Photographen beeinflusst werden können. Sehr wohl beeinfluss- bzw. auswählbar ist das photographierte Objekt. Variabel sind auch der Ausschnitt, die Schärfe, die Perspektive, die Verkleinerung und die Farben/Tonwerte. Ein Photo kann immer nur einen Teil der Wirklichkeit „ausschneiden" - es ist jedoch bestimmbar, welcher Ausschnitt aus welcher Perspektive und mit welcher Schärfeeinstellung das ist. Je nach verwendetem Objektiv und Ausarbeitung des Photos kann es auch zu wirklichkeitsnaher Größe bzw. Vergrößerung kommen; man denke nur an mikroskopische Aufnahmen. Auch die Farben/Tonwerte sind durch photographische Mittel beeinflussbar und somit zumindest teilweise variabel. Dennoch kann der reale Farbeindruck nicht zur Gänze wiedergegeben werden.

Susan Sontag kritisiert besonders eine der genannten Reduktionen: den Ausschnitt. Die Willkürlichkeit der Auswahl der Ausschnitte, die dann z.B. in Zeitungen und Zeitschriften neu angeordnet werden können, führt zu einem nicht mehr mit der Wirklichkeit übereinstimmenden visuellen Chaos: „Das Foto ist ein schmaler Ausschnitt von Raum ebenso wie von Zeit. (...) Durch Fotografieren wird die Welt zu einer Aneinanderreihung beziehungsloser, freischwebender Partikel (...)." (Sontag 1977: 299). Dadurch entsteht ein Mosaik, das einerseits weit von der ursprünglichen Primärerfahrung entfernt ist, andererseits durch die Neuanordnung völlig andere Assoziationen zulässt.

Ähnlich sieht es Frizot: Das Photo ist eine Vereinfachung, ein Extrakt von Fragmenten einer uns umgebenden unendlichen Wirklichkeit. Es sagt nichts über den Kontext aus, über den Moment, in dem es gemacht wurde, über die Intention des Photographen oder die Umstände und Motivation, die zu seiner Entstehung geführt haben. Ein sprachlicher Text ist erforderlich, um für den Betrachter das Feld der Assoziationen abzustecken (vgl. Frizot 2007: 282). Die relativierende Komponente „Text" wurde im Kapitel Relativität behandelt.

5.2.5 Technik

Die zum konstitutiven Wesensmerkmal „Technik" führenden Aspekte wurden von Walter Benjamin theoretisiert. Es sind dies:

- Massenhaftigkeit und Schnelligkeit der Bildproduktion
  Diese beiden Aspekte sind auf den Automatismus des Apparates zurückzuführen und zählen somit zur Technik.

- Transferierbarkeit des photographischen Bildes
Auch die Transferierbarkeit ist letztlich von der einfachen, technischen Produktion von Photos abhängig.

Die Technik ist ein auch von vielen nachfolgenden Phototheoretikern immer wieder beachteter Aspekt. Insofern ist es notwendig, beim Photo als technischem Medium und Produkt eines mechanischen und optischen (in neuerer Zeit: elektronischen) Apparates vom konstitutiven Wesensmerkmal „Technik" zu sprechen. Die Technik ist aber nicht nur konstitutiv für das photographische Bild. Technische Veränderungen haben auch zu Veränderungen der Wahrnehmung und Verwendung photographischer Bilder und ihrer wissenschaftlichen Reflexion geführt. Besonders der von Benjamin theoretisierte Aspekt des Transferierbarkeit hat in Zeiten der Digitalisierung unvorstellbare Ausmaße angenommen. Auf diese wird im folgenden Kapitel genauer eingegangen.

5.2.5.1 Gegenwärtige Entwicklungen: Digitalisierung als Einflussfaktor photographischer Wesensmerkmale

In den vorigen Kapiteln wurden die zentralen konstitutiven Wesensmerkmale der Photographie anhand klassischer Positionen herausgearbeitet. Durch technische Neuerungen, die von den gewählten Autoren aufgrund ihrer Lebenszeit nicht beachtet werden konnten[48], ist in den vergangenen zwei Jahrzehnten ein weiterer, für die Kommunikationswissenschaft äußerst relevanter technischer Aspekt hinzugekommen: die Digitalisierung. Sie prägt die konstitutiven Merkmale des visuellen Phänomens Photographie. Digitale Bearbeitungstechniken erhöhen die Subjektivität des photographischen Prozesses. Ebenso vermögen sie das ursprüngliche Photo von seinem Referenzobjekt zu entkoppeln und beeinflussen somit das Merkmal Referentialität. Das digitale Vorhandensein von Photos ermöglicht ihre Präsentation in virtuellen Räumen und dem Internet und beeinflusst so das Merkmal Relativität.[49]

Dieses Kapitel widmet sich jener letzten einschneidenden technischen Entwicklung, die auf die Produktion, Distribution und Rezeption von Photos - vor allem im journalistischen Bereich - starken Einfluss genommen hat.

---

48 In den späten Achtziger- und frühen Neunzigerjahren begann sich die digitale Photographie zu verbreiten. Zu diesem Zeitpunkt lebte keiner der untersuchten Autoren (Benjamin, Barthes, Peirce) mehr.

49 Das Merkmal Reduktion wird von der Digitalisierung nur in geringem Maß beeinflusst.

Die Digitalisierung der Photographie ist eine heute nicht mehr wegzudenkende Tatsache. Die Verlagerung der Informationsflüsse ins Internet, dem „größten jemals erfundenen Bilderspeicher" (Bredekamp 2004: 21), erforderten rasch verfügbare Bebilderungen. Gleichzeitig ermöglichte erst die Digitalisierung diesen Vorgang. Sie ist an der „cosmopolitan omnipresence of visuals" (Müller 2007: 24) maßgeblich beteiligt. Photographie und Medien beschleunigten sich gegenseitig. Im Bereich der Zeitungen wird man heute kaum einen Pressephotographen finden, der seine Bilder noch auf Rollfilm aufnimmt. Der klassische, analoge Film wird heute nur mehr in der bildenden Kunst und von Nostalgikern verwendet. Im kommerziellen Bereich (Presse, Werbung, Fashionphotography etc.) hat sich das digitale Photo durchgesetzt. Aber auch im privaten und halböffentlichen Bereich (Photoplattformen, Social Networks) erfolgen die Aufzeichnungen und Darstellungen des eigenen Lebens digital.

Die Digitalisierung ist nur ein Aspekt der sehr langen Geschichte der Bildproduktion. Sind die Entstehungsprozesse auch noch so unterschiedlich, so haben Bilder doch meistens eines gemein: Sie sind zweidimensionale Objekte und verweisen auf etwas außerhalb ihrer selbst. Dieses „etwas" kann je nach Herstellungsart des Bildes real existieren bzw. existiert haben oder erfunden sein. Santaella unterscheidet drei Paradigmen der Bildproduktion. Diese werden im Folgenden dargestellt, um die Entwicklung der Digitalisierung und die veränderte Wahrnehmung ihrer Erzeugnisse verständlich zu machen (vgl. Santaella 1997: 121ff):

1. Das präphotographische Paradigma: Die Bildproduktion erfordert manuelle Fähigkeiten, um visuelle Erscheinungen ebenso wie Vorstellungen in meist zweidimensionale Bilder zu verwandeln. ((Höhlen-)Malerei, Zeichnungen etc.)

2. Das photographische Paradigma: Die Bilder entstehen durch eine dynamische Verbindung mit (Teilen/Ausschnitten) der sichtbaren Welt. Die Bilderzeugnisse sind sowohl auf einen technischen Apparat als auch auf (abbildbare) Objekte angewiesen. Das Resultat der Bildproduktion ist somit dominant indexikalisch.

3. Das postphotographische Paradigma: Die Bilder sind ausschließlich computergeneriert, sind quasi von der sichtbaren Welt entkoppelt.

Prägnant zusammengefasst bedeutet das: „(...) in the first paradigm are the artisanal processes of image creation, in the second, the automatic processes of image capture, and in the third paradigm, the mathematical processes of image generation." (Santaella 1997: 122).

Diese Darstellung darf aber nicht als chronologisch missverstanden werden. Grundsätzlich entstanden diese Möglichkeiten der Bildproduktion in der eben angeführten Reihenfolge, doch existieren nach wie vor alle drei - teils unabhängig voneinander, teils kombiniert.

Im zweiten Paradigma entstehen die Bilder durch Kombination von Apparat und Objekten: „These images that depend on a recording machine, thus inevitably implying the presence of preexisting real objects" (Santaella 1997: 121). Dieses Paradigma beinhaltet neben der Photographie natürlich auch die Produkte aus den Bereichen Kino, Fernsehen und Video. Das erste und dritte Paradigma sind prinzipiell nicht so weit voneinander entfernt: In beiden Fällen ist der Produzent nicht unbedingt auf „Abbildbares" angewiesen. Im ersten Paradigma besteht keine direkte Verbindung zwischen Bild und Wirklichkeit. Die Abbildung erfolgt über die Hand des Produzenten. Dieser Vorgang ist auch im Nachhinein ersichtlich. Zwar gibt es Strömungen der Malerei - z.B. Trompe-l'œil, Hyperrealismus und Photorealismus -, in denen versucht wurde, über die Offensichtlichkeit des Produktionsprozesses hinwegzutäuschen, doch die Nicht-Referentialität war de facto immer erkennbar. Das zweite Paradigma wird dominiert von Referenzobjekten. Maschinen vermögen nur das zu registrieren, was vor ihrem Objektiv vorhanden ist, egal ob es sich dabei um bewegte oder unbewegte Bilder handelt. Diesen Bildern haftet hohe Glaubwürdigkeit an, obwohl man seit der Erfindung der Photographie weiß, dass auch diese Bilder ein manipulatives Potential besitzen. Im dritten Paradigma entstehen die Bilder prinzipiell wie im ersten Paradigma, d. h. ohne auf äußere Objekte angewiesen zu sein. Die Art der Produktion und das Aussehen des Ergebnisses unterscheiden sich allerdings radikal vom ersten Paradigma: Die Bilder sind computergeneriert und kommen hinsichtlich ihres Aussehens den Primärerfahrungen schon sehr nahe.

Ontologisch betrachtet liegt die digitale Photographie zwischen zweitem und drittem Paradigma. Sie ist nach wie vor auf real existierende Objekte angewiesen, um Bilder entstehen zu lassen, findet sich aber nach der Aufnahme im postphotographischen Paradigma wieder. Das digitale Vorhandensein der Bilder führt in den meisten Fällen zur Nachbearbeitung am Computer. Mittels Bildbearbeitungsprogrammen wie Adobe Photoshop kann nun mit den schier unendlichen Möglichkeiten das Photo stark verändert, quasi von der Realität entfernt werden, ohne aber seinen ursprünglich indexikalischen Charakter aufzugeben. Auf einem Photo, sofern es professionell bearbeitet wurde, lassen sich nachträgliche Eingriffe nicht mehr feststellen. Gerade im Bereich der Massenmedien führt dies zu einem gefährlichen Zustand. Manipulierte Bilder treten unter dem Deckmantel der realistischen Abbildung auf. In der digitalen Photographie vereint sich die Referentialität/Indexikalität/Glaubwürdigkeit des photographischen Paradigmas mit dem manipulativen Potential des postphotographischen Paradigmas.[50]

Auch Doelker spricht diese Problematik an. Seiner Meinung nach hat die Digitalisierung im Bildjournalismus zwei verlockende Möglichkeiten der Einflussnahme bewirkt: „Zum einen ist es (...) möglich, „Fotografien" und „Filme" im phänomenologischen Kode des Realbilds, ohne Referenz, ohne entsprechende Wirklichkeit herzustellen. (...) Zum andern sind bestehende Realbilder in digitalisierter Form beliebig veränderbar" (Doelker 2002: 25). Was die beliebige Veränderbarkeit betrifft, ist Doelker zuzustimmen. Digitalphotos lassen sich verhältnismäßig leicht und schnell verändern, ohne dass diese Eingriffe ersichtlich sind. Virtuelle Realitäten zu schaffen, die der Wirklichkeit gleichen und nicht unterschieden werden können, ist aber nach dem momentanen Stand der Technik (noch) nicht möglich.

Die Digitalisierung im für die Kommunikationswissenschaft wahrscheinlich wichtigsten Bereich - der Pressephotographie - soll am Beispiel des World Press Photo[51] Contest verdeutlicht werden[52]. Jährlich werden zehntausende Pressephotos aus aller Welt einge-

---

50 Vgl. dazu auch Roland Barthes Unterscheidung zwischen denotiertem und konnotiertem Bild. Damit bezieht Barthes sich zwar nicht auf die Digitalphotographie, wohl aber auf die Gefahr, dass manipulierte Photos aufgrund ihrer nicht erkennbaren Manipulationen als faktisch-realistische Dokumente verwendet werden können. (vgl. Barthes 1961: 15)

51 World Press Photo ist eine unabhängige Non-Profit-Organisation. Sie wurde 1955 in Amsterdam gegründet und organisiert jährlich den weltweit größten Wettbewerb für Pressephotographie. Die Gewinnerphotos werden in Ausstellungen in 45 Ländern gezeigt. (Quelle: http://www.worldpressphoto.org/index.php?option=com_content&task=view&id=20&Itemid=113&bandwidth=high, abgerufen am 12.10.2010, 12.55 Uhr)

52 Die Informationen dazu stammen aus einem E-Mail vom 12.10.2010, das der Autor auf Anfrage betreffend statistische Informationen von World Press Photo erhielt.

reicht. In den letzten Jahren stieg die Zahl der Digitalphotos immer weiter an.

Bis 1985 konnten von den Teilnehmern nur Photos (auf Photopapier) eingereicht werden. Ab 1986 war es auch möglich, Dias einzusenden. 1998 war das erste Jahr, in dem digitale Bilder eingereicht werden konnten. Im Jahr 2004 wurden Dias zum letzten Mal akzeptiert. 2009 war es letztmalig möglich, Photos auf Photopapier einzureichen. Im heurigen Jahr (2010) erfolgte die Einreichung der Photos ausschließlich digital und online. Alle Teilnehmer mussten ihre Bilder auf einen Server hochladen. Beiträge auf CD/DVD oder Photopapier wurden nicht mehr akzeptiert. Die folgende Statistik macht den Rückgang der haptischen Photos und die kontinuierliche Digitalisierung seit der Jahrtausendwende deutlich:

Jahr	Einreichungen *davon:*	Print	Dias	Digital
2000	42.215	42,9%	40%	17,1%
2001	42.321	39%	33,7%	27,4%
2002	49.247	31,7%	12,6%	55,7%
2003	53.597	25,4%	5,6%	69,1%
2004	63.142	17,7%	1,6%	80,7%
2005	69.190	4,6%	0%	95,4%
2006	83.045	1,6%	0%	98,4%
2007	78.083	0,7%	0%	99,3%
2008	80,536	0,6%	0%	99,4%
2009	96.268	0,3%	0%	99,7%
2010	101.960	0%	0%	100%

Abbildung 7 Eigene Darstellung von statistischen Informationen, die der Autor am 12.10.2010 per E-Mail von World Press Photo erhielt.

Im journalistischen Bereich hat sich die digitale Photographie längst durchgesetzt. Soviel ist sicher. Nicht so sicher sind sich Theoretiker allerdings darüber, was die Digitalisierung für die Produktion, Rezeption und Distribution von Photos überhaupt bedeutet. Die Ansichten reichen von kritisch-neutral bis pessimistisch. Grundsätzlich geht es dabei um 1. die vermehrten Manipulationsmöglichkeiten und den dadurch veränderten ontologischen und phänomenologischen Status des Photos und 2. die neuen Möglichkeiten der Verwendung digitaler Photos. Dies wird in den folgenden Unterkapiteln behandelt.

5.2.5.1.1 Manipulationsmöglichkeiten - ontologischer und phänomenologischer Status des digitalen Photos

Was also hat sich durch die Digitalisierung der Photographie verändert? Hat die Digitalisierung - wie Michael Fried konstatiert - die Ontologie des Photos gänzlich verändert? (vgl. Fried 2005: 562). Zweifellos wurden Theoretiker durch technische Entwicklungen dazu veranlasst, ein neues Verständnis der Herstellung, Bearbeitung und Distribution von Photos zu entwickeln. Schließlich hat ja eine Veränderung stattgefunden, die nicht ignoriert werden konnte (vgl. Geimer 2009: 98). Insgesamt wurde durch die Digitalisierung auch das Misstrauen gegenüber der Photographie verstärkt (vgl. Arnheim 1997: 55). Ein diesbezügliches Misstrauen war aber immer schon aufgrund des Beeinflussungspotentials vorhanden: „Bilder eignen sich besonders zur Manipulation, weil sie mit dem Gestus des Faktischen auftreten und so zeichenbedingte Eigenschaften des Dargestellten unkritisch als Eigenschaften realer Gegenstände erscheinen lassen" (Sachs-Hombach 2006: 318). Was für technische Bilder wie Photos im Allgemeinen gilt, wird durch die Digitalisierung der Photographie noch verstärkt:

> „Die Digitalisierung des Bildes schien den überkommenen Zusammenhang von Bild und materiell fixiertem Bildträger hinter sich zu lassen und damit jede Frage nach Authentizität obsolet zu machen" (Bredekamp 2004: 21).

Durch die damit einhergehenden Möglichkeiten digitaler Bearbeitung von Bildern stellt sich zusätzlich die Frage „(...)nach dem Verhältnis von Original und Kopie, von Täuschung und (Ver-)Fälschung visueller Informationen (...)" (Müller 2003: 13). Waren es früher noch die Papierabzüge, die von Negativen gemacht werden konnten, die Anlass zur Diskussion über die Einmaligkeit des Photos gaben, so sind es heute die digitalen Bearbeitungstechniken, welche Grund zum Misstrauen bieten. Die Schwierigkeiten beim Erkennen von manipulierten Bildern ist darauf zurückzuführen,

„(...) dass die visuell-mediale Vermittlung der Realität weitgehend plausibel erfolgt (...)“ (vgl. Wiedemann 2005: 453). Es kommt nicht zu Kollisionen mit unseren Plausibilitätsvorstellungen. Die Bearbeitung, die „Täuschung“, ist perfekt und wird als solche nicht erkannt.

Peter Lunenfeld, Kritiker und Theoretiker auf dem Gebiet der digitalen Medien, geht noch weiter: „Als Kultur begreifen wir allmählich, dass der Wahrheitsgehalt des Foto-Grafischen verschwunden ist. Was wir aber erst noch verstehen lernen müssen, ist, wie sich das auf die Geschichten, die wir mit diesen dubitativen Bildern (...) erzählen, und auf die Analysemethoden (...) auswirken wird“ (Lunenfeld 2000: 361).

Lunenfeld konstatiert auch einen radikalen Bruch zwischen der photochemischen Photographie und den neuen elektronischen Bildtechnologien: Das Photo ist nun ein Teilbereich der Computergraphik. Durch seine binäre Form kann es beliebig verändert werden. Lunenfeld gibt zwar zu, dass ein Photo schon immer manipuliert werden konnte, doch die Digitalisierung hat diese Möglichkeiten vervielfacht (vgl. Lunenfeld 2000: 349ff).

Was das Vertrauen im Bereich der Massenmedien betrifft, rückt das digitale Photo immer näher an den geschriebenen Text. Dieser ist eine in Worte gefasste individuelle Beschreibung der Welt, die der Leser glauben kann oder nicht. Auch das digitale Photo allein sagt nichts mehr über seine Wahrhaftigkeit aus. Der Betrachter muss der Quelle, aus der das Bild stammt, vertrauen, da er den Wahrheitsgehalt per se nur schwer nachprüfen kann (vgl. Lunenfeld 2000: 354). Durch die Digitalisierung kommt es zu einem „(...) Zusammenbruch der indexikalischen Beziehung zwischen dem Foto und seinem Referenten und der damit einhergehenden Auslöschung des vorausgesetzten Wahrheitsgehaltes der Fotografie“ (vgl. Lunenfeld 2000: 356). Die Photographie scheint ihre Fähigkeit zur Repräsentation von Wirklichkeit verloren zu haben.

Dies ist wohl die extremste Sicht der Digitalphotographie und wird nur selten von anderen Theoretikern geteilt. Weitaus weniger drastisch sehen es Victor Burgin und Michel Frizot: Ihrer Ansicht nach ist die Digitalphotographie immer noch Photographie, da trotz technischer Veränderungen die Grundlagen dieselben sind: eine photosensible Oberfläche und Lichteinwirkung. Prinzipiell hat sich daran nichts verändert (vgl. Frizot 2007: 276 und Burgin 2007: 366). Mit dieser Meinung stehen Burgin und Frizot im Gegensatz zu Lunenfeld der Digitalisierung gelassen gegenüber. Trotz einiger Veränderung ist das Wesen der Photographie dasselbe.

Stiegler gibt zwar zu, dass mit der Digitalisierung die Manipulationsmöglichkeiten der Photographie vergrößert wurden (vgl. Stiegler 2006: 406). Doch Photos waren immer schon Abstraktionen, die von der Perspektive, technischen Einstellungen und anderen subjektiven und reduktiven Faktoren abhängig waren. Durch die Digitalisierung ist diesen Faktoren eine Veränderung des Bildträgers hinzugefügt worden (vgl. Stiegler 2006: 414). Eine Veränderung, die an einem Aspekt der Photographie jedoch nichts ändert: Photos sind immer manipulierbar gewesen. „Die Digitalisierung setzt daher nur fort, was in der Photographiegeschichte in vielen Spielarten bereits gängige Praxis war" (vgl. Stiegler 2006: 417 bzw. Stiegler 2010: 341).

Die Digitalisierung hat die Existenz des Photos in gewisser Weise verdoppelt: Zum einen existiert es als unsichtbarer Datensatz, zum anderen als sichtbares Bild. Um sichtbar werden zu können, muss es an ein Gerät weitergeleitet werden. Dies kann ein Bildschirm, Projektor oder Drucker sein. Das letztgenannte Gerät verleiht dem Digitalphoto das Aussehen eines „klassischen" Photos. Die Doppelexistenz führt zu tief greifenden Veränderungen, was die Produktion, Distribution und Ökonomie der Bilder betrifft. In den Datensatz sind auch Metadaten eingebettet, die Auskunft über Aufnahmezeitpunkt, technische Details und den Produzenten des Photos gibt. Der Begriff des Medium muss überdacht und neu definiert werden, da viele analoge Medien (Photo, Film) nun in digitalen Rechenprozessen am Computer verarbeitet werden. Eine Vielzahl von Medien wird durch ein Universalmedium abgelöst (vgl. Heidenreich 2005: 381f). „Die Gemeinsamkeit der Bilder in neuen Medien besteht aus nichts anderem als der Tatsache eines technischen Fundaments in Bits und Zahlen" (Heidenreich 2005: 391).

Nach Heidenreich sind herkömmliche Medien wie die Photographie nur marginal von den Effekten der Digitalisierung betroffen: „Zwar verändern sich auch dort Arbeitsroutinen und Produktionsabläufe. Aber im Vergleich zu den neuen Bildkulturen handelt es sich um vergleichsweise folgenlose Eingriffe. Sie verbleiben auf dem Niveau ästhetischer Details (...)" (Heidenreich 2005: 387). Die veränderte Aufnahmetechnik und die Manipulationsmöglichkeiten beeinflussen die photographische Bilderproduktion und -distribution, lassen sie aber im Kern unangetastet. Merkliche Veränderungen ergeben sich bei den von Heidenreich als „neue Bildkulturen" bezeichneten Bildern. Damit sind Bilder gemeint, bei deren Produktion nicht auf eine äußere Wirklichkeit zurückgegriffen werden muss. Sie werden vollständig am Computer erzeugt und kommen bei Computerspielen (in letzter Zeit auch bei Filmen) zum Einsatz. Virtuelle Welten werden quasi vom Pixel an kreiert. Noch sind sie aufgrund ihres Aussehens als künstlich zu erkennen, doch in Zukunft werden sie hinsichtlich ihrer ästhetischen Qualität immer näher an die Realität rücken.

Durch die Digitalisierung wurde das Wesen der Photographie weitaus weniger stark verändert als die Sichtweise des Menschen auf die Welt durch die Photographie: „Indem die digitale Photographie eine spezifische Konstruktion der Wirklichkeit zeigt und zugleich zeigt, dass sie konstruiert ist, will sie uns im Wortsinn vor Augen führen, dass jede Wirklichkeitsansicht nur ein anderes Verfahren einer alles in allem analogen Konstruktion ist" (Stiegler 2006: 422). Besonders anhand der digitalen Photographie zeigt sich erneut die immer schon da gewesene allgemeine Subjektivität und Selektivität der menschlichen Wahrnehmung. Der Kern dieser konstruktivistischen Komponente der Photographie wurde durch die Digitalisierung weder vergrößert noch verkleinert:

> „Auch die aktuellen Veränderungen, die die Fotografie in unterschiedlichen medialen Kontexten erfahren hat, und der ontologische Zweifel, den die Digitalisierung nach sich gezogen hat, ändern daran nichts. Fotografien sind weiterhin visuelle Reflexionen über Realität, sind medial vermittelter und in Bildern konzentrierter Realismus - auch wenn die Realität eine radikal konstruierte ist (...)" (Stiegler 2010: 22).

Dennoch lässt die Digitalphotographie Zweifel am indexikalisch-ikonischen Verhältnis von Realität und Photo aufkommen. Ihre unendlichen und - sofern professionell vorgenommen - unsichtbaren Manipulationsmöglichkeiten lassen Rezipienten am einstigen Abbildcharakter von Photos zweifeln. War bei der analogen Photographie als „Original" zumindest ein Negativ vorhanden, so ist dies bei der Digitalphotographie nicht mehr der Fall: Ihre Bilder schweben in einem haptisch nicht fassbaren elektronischen Raum und materialisieren sich in unterschiedlicher Form ohne Verbindung zu einem „Original". Das ehemalige Index-/Ikon-Photo wandelt sich zum Symbol. Digitalphotos sind nicht mehr ein angeblich objektives Abbild, sondern eine intendierte Aussage über die Realität. Sie lassen „(...) weniger Rückschlüsse auf das wirkliche Geschehen vor der Kamera zu, aber dafür umso mehr auf die Interpretationen bzw. Intentionen desjenigen, der diese Bilder präsentiert, veröffentlicht und benutzt" (vgl. Schmitt 2000: 163ff). Gerade durch Bildbearbeitung/Postproduction wird der Selektivität und Subjektivität Ausdruck verliehen. Das publizierte Bild folgt hinsichtlich der Erscheinung der Intention des Produzenten.

Mit der digitalen Bildproduktion verliert die Photographie also etwas von der sie umgebenden Aura der indexikalisch-ikonischen Objektivität und sinkt auf einen präphotographischen Zustand: „Digitale Bilder kehren kategorial in den Rahmen der Malerei zurück, aus dem sich die wissenschaftliche Fotografie scheinbar gelöst hatte" (Bredekamp 2004: 21). Die zuvor als Beglaubigung verwendete Indexikalität hat ihre Bedeutung verloren. Photos werden zu ebenso subjektiven Ausdrücken von Wirklichkeitseindrücken wie gemalte Bilder, da sich in den zuvor indexikalischen Prozess zahlreiche Manipulationspotentiale eingeschlichen haben.

Das Verhältnis von Abbild und Wirklichkeit wurde aber nicht erst seit der Digitalisierung in Frage gestellt. Seit Erfindung der Photographie stehen Photos im Spannungsfeld zwischen Authentizität und Manipulation. Doch die Digitalisierung hat die Möglichkeiten zu Gunsten des Letztgenannten vermehrt. „Die Gestaltung bzw. Manipulation von Wirklichkeit zum Zwecke ihrer medialen Reproduktion gehört (...) zu unserem Medienalltag (...). (...) Mit dem Bild bzw. dem gestalteten Bild wird nicht mehr primär eine Form von Realität oder Wirklichkeit widergespiegelt, sondern eine neue Form von Wirklichkeit geschaffen" (Wiedemann 2005: 445f). Von der ursprünglichen Motivation bei der Erfindung der Photographie und des Films - die möglichst naturgetreue, realistische Abbildung - ist man im digitalen Zeitalter weit entfernt. Die ehemaligen „Wirklichkeitsabbilder" entwickeln sich immer mehr zu „Wirklichkeitsentwürfen". Werkzeuge wie Photoshop ermöglichen die Darstellung von Subjektivität in einst objektiven Abbildern (vgl. Wiedemann 2005: 446).

Die permanent vorhandene Möglichkeit, mit Digitalkameras das eigene Leben zu dokumentieren, ständig unzählige Photos machen zu können, wirkt sich auch auf die Wahrnehmung und das Erinnern der Wirklichkeit aus:

> „Die Demokratisierung der universellen Aufnahme-, Speicher-, Manipulierungs- und Vervielfältigungsmöglichkeiten von Bildern hat gleichermaßen Konsequenzen für die Haltung zu Abbild und Bild. Es kann angenommen werden, dass das Abbild gleichermaßen zu einem Korrektiv der Primärerfahrung „wahrgenommenes Bild" wird, wie es auch zur Sicherheit beiträgt, das in der Realität wahrgenommene nicht aus dem „Bildgedächtnis" zu verlieren, da

> das Abbild ja gespeichert – in welcher Form auch immer – zur Verfügung steht." (Wiedemann 2005: 450f).

Ein Photo kann also einerseits als Erinnerungsstütze dienen. Andererseits kann es das Wahrgenommene im Nachhinein beeinflussen. Dies kann so weit gehen, dass ein Photo die Erinnerung an Situationen oder Personen verdrängt. Das Photo wird dann zur Erinnerung. Welche weiteren Verwendungsmöglichkeiten die Digitalisierung des photographischen Bildes geschaffen hat, wird im folgenden Kapitel behandelt.

5.2.5.1.2 Verwendung digitaler Photos

Die Digitalisierung des photographischen Bildes und die fast zeitgleich erfolgte Verbreitung des Internet ermöglichten neue Verwendungsweisen der Photographie. Photosharing-Sites wie flickr veränderten die Produktion, Rezeption und gesellschaftliche Bedeutung von Photographie. Mit der Digitalisierung in der Medienproduktion ist eine Entwicklung verbunden, die Wiedemann als „Amateurisierung der Medien" bezeichnet. Die Bedingungen von Produktion und Konsum gleichen sich an. Mit minimalem materiellem Aufwand und Basiskenntnissen in der Bildbearbeitung sind mehr oder weniger professionelle Resultate und deren Veröffentlichung via Internet möglich (vgl. Wiedemann 2005: 448).

Die Digitalisierung bewirkte die vorläufig letzte große Veränderung in der Amateurphotographie. Diese nahm vor über hundert Jahren ihren Anfang. Ende des 19. Jahrhunderts wurden mit der um einen Dollar erhältlichen Kodak Brownie Kameras für jedermann erschwinglich. Den nächsten großen Aufschwung erhielt die Photographie in den Fünfziger- bis Siebzigerjahren des 20. Jahrhunderts. Technische Entwicklungen und Wohlstand führten zur vermehrten Dokumentation des Familienlebens. Die Schnappschussästhetik fand Eingang in die Kunst. Um die Jahrtausendwende waren es schließlich die Consumer-Digitalkameras, die der Photographie erneut zu Popularität verhalfen: Allein bis 2004 wurden etwa 28 Milliarden (!) Digitalphotos gemacht. Die Konsumenten fanden neue Verwendungsmöglichkeiten für die Digitalphotographie (z.B. fast lückenlose Dokumentation des eigenen Lebens, Photosharing im Internet[53]). Die damit einhergehenden Veränderungen in der sozialen Praxis und die „Amateurästhetik" wurden aber nur selten von Theoretikern aufgegriffen. Stattdessen beschäf-

[53] Eine Studie zu Photoblogs bietet Cooley (vgl. Cooley 2004).

tigten sie sich mit der (möglichen Auflösung der) Indexikalität und den Einflüssen auf bewegte Bilder (vgl. Murray 2008: 151ff).

Im privaten Bereich hat die Digitalisierung vor allem die Anzahl der aufgenommenen Bilder verändert. Aufgrund technischer Entwicklungen wurden Digitalkameras in den letzten Jahren immer kleiner und billiger. Die meisten Mobiltelefone verfügen über eine integrierte Kamera. Eine Begrenzung der Bilderzahl, wie dies beim analogen Film der Fall war, ist hier nicht mehr gegeben. Speicherkarten sind immer leistungsfähiger und billiger geworden und ermöglichen es, unendlich viele Bilder ohne zusätzliche Kosten zu machen. Die Kombination aus ständiger Verfügbarkeit eines Aufnahmegerätes und theoretisch unbegrenzten Aufnahmemöglichkeiten ließ die Zahl der Photos in den letzten Jahren rasant ansteigen. Gleichzeitig stieg die Leistungsfähigkeit der Internetverbindungen und ermöglichte so den Upload größerer Datenmengen. Privatpersonen können Onlinealben anlegen, auf die Familienmitglieder, Freunde und Bekannte zugreifen können. Der private Bildraum wird immer öffentlicher und könnte so zu einer neuen visuellen Kultur führen (vgl. Heidenreich 2005: 387f).

Theoretiker wie Bazin, Barthes und Benjamin haben die Photographie hauptsächlich über ihre Fähigkeit, Momente festzuhalten, bestimmt. Zwar ist ihre Verbindung mit dem Gedächtnis und der Historizität ein essentieller Aspekt, doch mit der Digitalisierung und Seiten wie Flickr kam es zu einigen Verschiebungen. Auf Flickr werden Photos dazu verwendet, ein bebildertes Online-Tagebuch zu erstellen. Der Photostream ist das narrative Zentrum: Ältere Photos werden ständig durch neuere ersetzt und in der durch die Latest-Photos-First-Hierarchie nach hinten gedrängt.[54] Die Kombination von digitaler Photographie und Social Networks hat zu einer neuen Ästhetik des Alltäglichen, des Verfalls, des Kitsch und des sonst Unbeachteten geführt. Beim Rollfilm hatte man noch Bedenken, dies oder jenes aufzunehmen, und beschränkte sich auf das „Besondere". Die Kapazitäten der Speicherkarten, die Schnelligkeit der Aufnahme und Betrachtung und die geringen (laufenden) Kosten der Digitalphotographie haben zu einer verstärkten Unmittelbarkeit und Verfügbarkeit von Photos im Internet geführt. Die Zeitlichkeit hat sich im Vergleich zur Photographie der vergangenen 150 Jahre verändert. Der Abstand zwischen Aufnah-

---

[54] Weniger narrative Kohärenz gibt es in Gruppen, die sich speziellen Bereichen der Photographie widmen. Hier erscheinen Bilder zu speziellen Themen wie „Türen" gleichzeitig; das erzählerische Moment spielt dabei keine Rolle.

me und Betrachtung wird immer kürzer: Photos können sofort nach der Aufnahme am Kameradisplay betrachtet werden (vgl. Murray 2008: 154ff). Die durch technologische Veränderungen und damit einhergehenden Manipulationsmöglichkeiten oft aufgeworfene Frage nach der Indexikalität bzw. deren Verlust spielt nach Murray eine untergeordnete Rolle. Technische Aspekte sind nur relevant, sofern sie die photographische und soziale Praxis verändern: Kleine, leichte und schnelle Kameras mit immer wieder beschreibbaren Speichern haben solche Veränderungen bewirkt. Ob es sich dabei um Film- oder Digitalphotographie, manipulierte oder nichtmanipulierte Bilder handelt, ist dabei zweitrangig (Murray 2008: 157).

Auf Seiten wie Flickr verschwimmen die Grenzen zwischen Amateuren und Profis. Der Fokus auf das Alltägliche verbindet beide. Ein Schnappschuss eines beliebigen Objekts oder einer Situation kann für die Mitglieder genauso interessant sein wie ein professionell aufgenommenes und bearbeitetes Photo (vgl. Murray 2008: 159). Photos sind zu einem Baustein biographischer und sozialer Narrative geworden. Dabei wird das Kleine, Unscheinbare, Urbane und Alltägliche privilegiert (vgl. Murray 2008 161). Vieles, fast alles, wird aufgenommen und im Internet zur Schau gestellt. Darin bestehen die eigentlichen Auswirkungen der Digitalisierung. „While digital photography has not revolutionized photography or led to a loss of the authenticity of an image as predicted early on, it has significantly altered our relationship to the practice of photography (when coupled with social networking software), as well as to our expectations for and interactions with the image and an everyday aesthetic." (Murray 2008: 161). Murray - wie andere Theoretiker auch - fokussiert nicht auf die möglicherweise verlorene Fähigkeit der Photographie, indexikalisch beglaubigte Abbilder der Realität zu schaffen. Vielmehr geht es um die veränderten Verwendungen der Photographie, insbesondere in Kombination mit diversen Onlineangeboten. Die Digitalisierung hat die Photographie an sich beschleunigt und ihre Produktion und Distribution vereinfacht. Die damit einhergehenden Veränderungen im Gebrauch sind die wirklich markanten Unterschiede zur Photographie vor ihrer Umwandlung in Bits und Bytes.

5.3 Abschließende Darstellung

Anhand zweier Forschungsfragen (FF1 „Welche Aspekte der Photographie werden von Walter Benjamin, Roland Barthes und Charles Peirce theoretisiert?" und FF2 „Welche konstitutiven Merkmale des photographischen Bildes lassen sich in den Theorien von Walter Benjamin, Roland Barthes und Charles Peirce ausmachen?") wurden in den vorangegangenen Kapiteln die Wesensmerkmale des photographischen Bildes erforscht. Die Beantwortung der FF3 „Lassen sich die von Walter Benjamin, Roland Barthes und Charles Peirce theoretisierten konstitutiven Merkmale des photographischen Bildes widerspruchsfrei zu einem Gesamtbild der Photographie vereinen?" soll im Folgenden versucht werden.

Die konstitutiven Wesensmerkmale des photographischen Bildes werden dazu nochmals in übersichtlicher Form dargestellt:

Konstitutive Wesensmerkmale des photographischen Bildes

Referentialität

- Zwangsläufigkeit der Referentialität (Barthes)
- studium (Barthes)
- Photographisches Paradox: Denotiertes Bild (Barthes)
- Indexikalität (Peirce)
- Ikonizität (Peirce)

Relativität

<u>Präsentationsumgebung</u>

- Abhängigkeit der Bedeutung vom Ort der Publikation (Barthes)

<u>Zusatzinformationen</u>

- Beschriftung als wichtiges Element im photographischen Kommunikationsprozess (Benjamin)
- Bild-Text-Kombinationen (Barthes)

Subjektivität

- photographische Perspektive (Benjamin)
- punctum (Barthes)
- Photographisches Paradox: Konnotiertes Bild (Barthes)

- Symbol (Peirce)

Reduktion

- photographische Perspektive (Benjamin)
- Ikonizität
- Photographisches Paradox (z.T.)

Technik

- Massenhaftigkeit und Schnelligkeit der Bildproduktion, Transferierbarkeit des photographischen Bildes (Benjamin)
- Digitalisierung (nicht bei den gewählten Autoren vorhanden)

Die fünf Wesensmerkmale konstituieren gemeinsam das photographische Bild als solches, ohne sich dabei zu widersprechen bzw. auszuschließen: Die Technik ermöglicht die Abbildung eines Ausschnitts der Realität nach dem Prinzip der Referentialität. Diese Abbildung ist durch Reduktionen und Subjektivität geprägt. Bei der Betrachtung von Photos spielt letztere ebenso eine Rolle wie die Relativität: Die Bedeutung eines Photos wird durch die Präsentationsumgebung und Zusatzinformationen beeinflusst. Die FF3 kann somit positiv beantwortet werden.

Die von den Autoren theoretisierten Aspekte und daraus abgeleiteten konstitutiven Wesensmerkmale des photographischen Bildes lassen sich fast vollständig zu einem einheitlichen Bild verbinden. Zwei Dinge müssen diesbezüglich allerdings angemerkt werden:

1. Das von Walter Benjamin theoretisierte Wesensmerkmal der Technik muss um die Digitalisierung ergänzt werden, um zeitgemäß zu sein. Wie gezeigt wurde, handelt es sich bei der Digitalisierung um eine einflussreiche technische Entwicklung, die für die kommunikationswissenschaftliche Beschäftigung mit Photos weitreichende Konsequenzen hat.

2. Die von Roland Barthes angesprochenen Akteure wurden nicht zu den konstitutiven Merkmalen gezählt. Ohne sie gäbe es zwar gar kein photographisches Bild und auch keines der konstitutiven Merkmale. Doch sie stehen als produzierende, distribuierende und rezipierende Personen auf einer übergeordneten Ebene und fänden vielmehr in einem noch zu erarbeitenden, photographischen

Kommunikationsmodell ihren Platz. Eine Basis dafür wurde mit der Erarbeitung der konstitutiven Wesensmerkmale des photographischen Bildes geschaffen.

6 Zusammenfassung

„Die Photographie ist das Bild der Wirklichkeit im Zeitalter seiner technischen Reproduzierbarkeit." (Stiegler 2006: 417)

Die Technik ist in der Tat ein konstitutives Wesensmerkmal des photographischen Bildes. Wie in dieser Arbeit gezeigt wurde, wird das Photo aber auch durch weitere Merkmale konstituiert.

Ausgehend vom Iconic Turn, der Wende zum Bildlichen, wurden die Kommunikationsmedien Bild und Text erläutert. Erst in Verbindung mit der relativierenden Komponente Text können Photos ihr kommunikatives Potential voll entfalten. In einem weiteren Kapitel wurde die Bedeutung des Photos für die Kommunikationswissenschaft erläutert. Das Photo wurde innerhalb der übergeordneten Kategorie der Bilder verortet und seine Möglichkeiten, als Medium in Kommunikationsprozessen Verwendung zu finden, expliziert. Den Kern der Arbeit bildeten die konstitutiven Wesensmerkmale des photographischen Bildes. Ausgehend von klassischen phototheoretischen Positionen (Walter Benjamin, Roland Barthes, Charles Peirce) wurden die unterschiedlichen Aspekte der Photographie erforscht und zu übergeordneten Merkmalen zusammengefasst, die das Photo in seiner Gesamtheit konstituieren. Trotz unterschiedlicher wissenschaftlicher Herkunft und zeitlicher Einordnung der gewählten Autoren war es möglich, ihre zentralen Überlegungen zu widerspruchsfreien, konstitutiven Merkmalen des Photos zu vereinen. Die so erarbeiteten Merkmale (Referentialität, Relativität, Subjektivität, Reduktion und Technik) können als zeitlos gelten: Sie waren Mitte des 19. Jahrhunderts ebenso relevant wie heute und beeinflussen die Produktion, Distribution und Rezeption von Photos – Bereiche, die im Zentrum der kommunikationswissenschaftlichen Beschäftigung damit stehen. Um der Arbeit nicht den Anschein einer rein historischen Auseinandersetzung zu geben, sondern ihr die nötige Aktualität zu verleihen, wurde die Digitalisierung mit einbezogen. Durch sie stieg die Zahl der Photos rasant an und die Photographie rückte so noch mehr in den Fokus der Visuellen Kommunikationsforschung. Wie gezeigt werden konnte, nahm die Digitalisierung erheblichen Einfluss auf das Verständnis von und die wissenschaftliche Beschäftigung mit Photographie.

Die in der vorliegenden Arbeit erforschten konstitutiven Merkmale, die nach Schelske von den Sozialwissenschaften meist als unbefragte Voraussetzung hingenommen werden (vgl. Schelske 2005: 257), bilden die Grundlage für weitere Forschungen. Auf ihnen kann ein noch zu erarbeitendes photographiespezifisches Kommunikationsmodell aufbauen, das die aufgezeigte Multimodalität bei der Verwendung von Photos (Bild-Text-Kombination und die jeweiligen Potentiale) berücksichtigt.

7 Literatur

Arnheim, Rudolf (1979): Glanz und Elend des Photographen. In: Arnheim, Rudolf (2004): Die Seele in der Silberschicht. Medientheoretische Texte. Photographie - Film - Rundfunk. Frankfurt/Main. 46-55.

Arnheim, Rudolf (1997): The Two Authenticities of the Photographic Media. In: Leonardo, Vol. 30, No. 1 (1997), 53-55.

Arnheim, Rudolf (2004): Die Seele in der Silberschicht. Medientheoretische Texte. Photographie - Film - Rundfunk. Frankfurt/Main.

Baetens, Jan (2007): Conceptual Limitations of Our Reflection on Photography. The Question of „Interdisciplinarity". Elkins, James (Hg.) (2007): Photography Theory. New York. 53-73.

Barthes, Roland (1961): Die Fotografie als Botschaft. In: Barthes, Roland (1990): Der entgegenkommende und der stumpfe Sinn. Frankfurt/Main. 11-27.

Barthes, Roland (1964): Rhetorik des Bildes. In: Barthes, Roland (1990): Der entgegenkommende und der stumpfe Sinn. Frankfurt/Main. 28-46.

Barthes, Roland (1979): Wirklichkeits- oder vielmehr Realitätseffekt (Lacan). In: Stiegler, Bernd (2010): Texte zur Theorie der Fotografie. Stuttgart. 95-101.

Barthes, Roland (1989): Die helle Kammer. Bemerkungen zur Photographie. Frankfurt/Main.

Barthes, Roland (1990): Der entgegenkommende und der stumpfe Sinn. Frankfurt/Main.

Batchen, Geoffrey (2007): This Haunting. In: Elkins, James (Hg.)(2007): Photography Theory. New York. 284-286.

Bazin, André (1945): Ontologie des photographischen Bildes. In: Bazin, André (2004): Was ist Film? Herausgegeben von Robert Fischer. Berlin. 33-42.

Bazin, André (2004): Was ist Film? Herausgegeben von Robert Fischer. Berlin.

Benjamin, Andrew (1986): The Decline of Art: Benjamin's Aura. In: Oxford Art Journal, Vol. 9, No. 2 (1986), 30-35.

Benjamin, Walter (1963a): Das Kunstwerk im Zeitalter seiner technischen Reproduzierbarkeit. Drei Studien zur Kunstsoziologie. Frankfurt/Main.

Benjamin, Walter (1963b, erstmals 1936): Das Kunstwerk im Zeitalter seiner technischen Reproduzierbarkeit. In: Benjamin, Walter (1963a): Das Kunstwerk im Zeitalter seiner technischen Reproduzierbarkeit. Drei Studien zur Kunstsoziologie. Frankfurt/Main. 7-44.

Benjamin, Walter (1963c, erstmals 1931): Kleine Geschichte der Photographie. In: Benjamin, Walter (1963a): Das Kunstwerk im Zeitalter seiner technischen Reproduzierbarkeit. Drei Studien zur Kunstsoziologie. Frankfurt/Main. 45-64.

Böhme, Gernot (2004): Theorie des Bildes. München.

Bourdieu, Pierre (1965): Eine illegitime Kunst. In: Stiegler, Bernd (2010): Texte zur Theorie der Fotografie. Stuttgart. 270-276.

Bratu Hansen, Miriam (2007): Benjamin's Aura. In: Critical Inquiry 34, Winter 2008, 336-375.

Bredekamp, Horst (2004): Drehmomente - Merkmale und Ansprüche des Iconic Turn. In: Maar, Christa/Burda, Hubert (Hg.) (2004): Iconic Turn. Die neue Macht der Bilder. Köln. 15-26.

Burgin, Victor (2007): „Medium" and „Specificity". In: Elkins, James (Hg.) (2007): Photography Theory. New York. 363-369.

Burkart, Roland (2002): Kommunikationswissenschaft. Grundlagen und Problemfelder. Umrisse einer interdisziplinären Sozialwissenschaft. Wien u. a.

Calhoon, Kenneth S. (1998): Personal Effects: Rilke, Barthes, and the Matter of Photography. In: MLN, Vol. 113, No. 3, German Issue (Apr., 1998), 612-634.

Cartier-Bresson, Henri (1952): Der entscheidende Augenblick. In: Stiegler, Bernd (2010): Texte zur Theorie der Fotografie. Stuttgart. 197-205.

Cohen, Alan (2007): Photography's Histories. In: Elkins, James (Hg.) (2007): Photography Theory. New York. 218-220.

Cooley, Heidi Rae (2004): '"Identify"-ing a New Way of Seeing: Amateurs, Moblogs and Practices in Mobile Imaging', Spectator 21(1), Spring, 65-79.

Craig, Robert L. (2000): Visual Communication in the 3rd Millenium. One of the Most Important Skills of Humankind. In:

Aviso. Informationen aus der Deutschen Gesellschaft für Publizistik und Kommunikationswissenschaft. No. 26. Februar 2000. 4.

Cyr, Donald J. (1968): Photography: An Interactive Process. In: Art Education, Vol. 21, No. 7 (Oct., 1968), 40-43.

Doelker, Christian (2002): Ein Bild ist mehr als ein Bild. Visuelle Kompetenz in der Multimedia-Gesellschaft. Stuttgart.

Dörfler, Hans-Diether (2000): Das fotografische Zeichen. In: Schmitt, Julia u. a. (2000): Fotografie und Realität: Fallstudien zu einem ungeklärten Verhältnis. Opladen. 11-52.

Dubois, Philippe (1990): Die Fotografie als Spur eines Wirklichen. In: Stiegler, Bernd (2010): Texte zur Theorie der Fotografie. Stuttgart. 102-114.

Duttlinger, Carolin (2008): Imaginary Encounters: Walter Benjamin and the Aura of Photography. In: Poetics Today 29:1 (Spring 2008), 79- 101.

Eco, Umberto (2002): Einführung in die Semiotik. München.

Elkins, James (Hg.)(2007): Photography Theory. New York.

Flusser, Vilém (2006): Für eine Philosophie der Fotografie. Berlin.

Frank, Gustav (2009): Literaturtheorie und Visuelle Kultur. In: Sachs-Hombach, Klaus (Hg.)(2009): Bildtheorien. Anthropologische und kulturelle Grundlagen des Visualistic Turn. Frankfurt/Main. 354-392.

Friday, Jonathan (2001): Photography and the Representation of Vision. In: The Journal of Aesthetics and Art Criticism, Vol. 59, Nr. 4 (Herbst 2001), 351-362.

Fried, Michael (2005): Barthes's Punctum. In: Critical Inquiry 31 (Spring 2005), 539- 574.

Frizot, Michel (2007): Who's Afraid of Photons? In: Elkins, James (Hg.)(2007): Photography Theory. New York. 269-283.

Geimer, Peter (2009): Theorien der Fotografie zur Einführung. Hamburg.

Gratton, Johnnie (1996): Text, Image, Reference in Roland Barthes's „La Chambre Claire". In: The Modern Language Review, Vol. 91, No. 2 (Apr., 1996), 355-364.

Hartmann, Thomas (1995): Transfer-Effekte: Der Einfluß von Fotos auf die Wirksamkeit nachfolgender Texte. Eine experimentelle Untersuchung zur kumulativen Wirkung von Pressefotos und Pressetexten. Frankfurt/Main.

Haverkamp, Anselm (1993): The Memory of Pictures: Roland Barthes and Augustine on Photography. In: Comparative Literature, Vol. 45, No. 3 (Summer, 1993), 258-279.

Heidenreich, Stefan (2005): Neue Medien. In: Sachs-Hombach, Klaus (Hg.)(2005a): Bildwissenschaft. Disziplinen, Themen, Methoden. Frankfurt/Main. 381-392.

Jäger, Gottfried (1988): Ursprünge. Naturgesetze und Konventionen. In: Jäger, Gottfried (1991): Fotoästhetik. Zur Theorie der Fotografie. München. 125-155.

Jäger, Gottfried (1991): Fotoästhetik. Zur Theorie der Fotografie. München.

Jäger, Gottfried (Hg.) (2001): Fotografie denken. Über Vilem Flussers Philosophie der Medienmoderne. Bielefeld.

Kemp, Wolfgang/von Amelunxen, Hubertus (Hg.)(2006): Theorie der Fotografie I-IV. 1839-1995. München.

Kloesel, Christian J. W./Pape, Helmut (Hg.)(2000): Charles S. Peirce. Semiotische Schriften. Band I, 1865-1903. Frankfurt/Main.

Knape, Joachim (2005): Rhetorik. In: Sachs-Hombach, Klaus (Hg.) (2005a): Bildwissenschaft. Disziplinen, Themen, Methoden. Frankfurt/Main. 134-148.

Knieper, Thomas (2005): Kommunikationswissenschaft. In: Sachs-Hombach, Klaus (Hg.) (2005a): Bildwissenschaft. Disziplinen, Themen, Methoden. Frankfurt/Main. 37- 51.

Kracauer, Siegfried (1927): Die Fotografie. In: Stiegler, Bernd (2010): Texte zur Theorie der Fotografie. Stuttgart. 230-247.

Kriebel, Sabine T. (2007): Theories of Photography. A Short History. In: Elkins, James (Hg.) (2007): Photography Theory. New York. 3-49.

Lefebvre, Martin (2007): The Art of Pointing: On Peirce, Indexicality, and Photographic Images. In: Elkins, James (Hg.) (2007): Photography Theory. New York. 220-244.

Lowenstein, Adam (2007): The Surrealism of the Photographic Image: Bazin, Barthes, and the Digital *Sweet Hereafter*. In: Cinema Journal 46, No. 3, Spring 2007, 54-82.

Lüdeking, Karlheinz (2005): Was unterscheidet den *pictorial turn* vom *linguistic turn*? In: Sachs-Hombach, Klaus (Hg.) (2005d): Bildwissenschaft zwischen Reflexion und Anwendung. Köln. 122-131.

Lunenfeld, Peter (2000): Digitale Fotografie. Das dubitative Bild. In: Stiegler, Bernd (2010): Texte zur Theorie der Fotografie. Stuttgart. 344-361.

Maar, Christa/Burda, Hubert (Hg.)(2004): Iconic Turn. Die neue Macht der Bilder. Köln.

Maar, Christa (2006): Iconic Worlds - Bilderwelten nach dem iconic turn. In: Maar, Christa/Burda, Hubert (Hg.)(2006): Iconic Worlds. Neue Bilderwelten und Wissensräume. Köln. 11-14.

Maar, Christa/Burda, Hubert (Hg.) (2006): Iconic Worlds. Neue Bilderwelten und Wissensräume. Köln.

Mitchell, W.J.T. (1986): Iconology. Image, Text, Ideology. Chicago/London.

Mitchell, W.J.T. (2009): Vier Grundbegriffe der Bildwissenschaft. In: Sachs-Hombach, Klaus (Hg.) (2009): Bildtheorien. Anthropologische und kulturelle Grundlagen des Visualistic Turn. Frankfurt/Main. 319-327.

Müller, Marion G./Knieper, Thomas (2000): Visuelle Kommunikation - für die Kommunikationswissenschaft nur ein Randthema? In: Aviso. Informationen aus der Deutschen Gesellschaft für Publizistik und Kommunikationswissenschaft. No. 26. Februar 2000. 2-3.

Müller, Marion G. (2003): Grundlagen der visuellen Kommunikation. Theorieansätze und Methoden. Konstanz.

Müller, Marion G. (2008): Visual competence: a new paradigm for studying visuals in the social sciences? In: Visual Studies, Vol. 23, Nr. 2, September 2008,101-112.

Murray, Susan (2008): Digital Images, Photo-Sharing, and Our Shifting Notions of Everyday Aesthetics. In: Journal of Visual Culture 2008, Vol. 7 (2), 147-163.

Nöth, Winfried (Hg.)(1997a): Semiotics of the Media: State of the Art, Projects and Perspectives. Berlin/New York.

Nöth, Winfried (1997b): Can pictures lie? In: Nöth, Winfried (Hg.) (1997a): Semiotics of the Media: State of the Art, Projects and Perspectives. Berlin/New York. 133-146.

Nöth, Winfried (2000): Handbuch der Semiotik. 2., vollständig neu bearbeitete und erweiterte Auflage mit 89 Abbildungen. Stuttgart.

Olin, Margaret (2002): Touching Photographs: Roland Barthes's „Mistaken" Identification. In: Representations, No. 80 (Autumn, 2002), 99-118.

Peirce, Charles S. (1867): Eine neue Liste der Kategorien. In: Kloesel, Christian J. W./Pape, Helmut (Hg.)(2000): Charles S. Peirce. Semiotische Schriften. Band I, 1865-1903. Frankfurt/Main. 147-159.

Peirce, Charles S. (1893): Die Kunst des Räsonierens. Kapitel II. In: Kloesel, Christian J. W./Pape, Helmut (Hg.) (2000): Charles S. Peirce. Semiotische Schriften. Band I, 1865-1903. Frankfurt/Main. 191-201.

Peirce, Charles S. (1895): Kurze Logik. Kapitel I. In: Kloesel, Christian J. W./Pape, Helmut (Hg.) (2000): Charles S. Peirce. Semiotische Schriften. Band I, 1865-1903. Frankfurt/Main. 202-229.

Peirce, Charles S. (1901): Minutiöse Logik. Aus den Entwürfen zu einer Logik. In: Kloesel, Christian J. W./Pape, Helmut (Hg.) (2000): Charles S. Peirce. Semiotische Schriften. Band I, 1865-1903. Frankfurt/Main. 376- 408.

Peirce, Charles S. (1903): Dritte Vorlesung über den Pragmatismus: Die Verteidigung der Kategorien. In: Kloesel, Christian J. W./Pape, Helmut (Hg.) (2000): Charles S. Peirce. Semiotische Schriften. Band I, 1865-1903. Frankfurt/Main. 431-462.

Phillips, Christopher (2002): Der Richterstuhl der Fotografie. In: Wolf, Herta (2002): Paradigma Fotografie. Fotokritik am Ende des fotografischen Zeitalters. Frankfurt/Main. 291-333.

Roesler, Alexander/Stiegler, Bernd (Hg.)(2005): Grundbegriffe der Medientheorie. Paderborn.

Rossig, Julian J. (2007): Fotojournalismus. Konstanz.

Rump, Mark C. (2001): Denkbilder und Denkfotografien. Übereinstimmungen und Unterschiede in den Ansätzen Walter Benjamins und Vilém Flussers. In: Jäger, Gottfried (Hg.) (2001): Fotografie denken. Über Vilem Flussers Philosophie der Medienmoderne. Bielefeld. 39-60.

Sachs-Hombach, Klaus (Hg.) (2005a): Bildwissenschaft. Disziplinen, Themen, Methoden. Frankfurt/Main.

Sachs-Hombach, Klaus (2005b): Bilder, technische. In: Roesler, Alexander/Stiegler, Bernd (Hg.)(2005): Grundbegriffe der Medientheorie. Paderborn. 37-44.

Sachs-Hombach, Klaus (2005c): Konzeptionelle Rahmenüberlegungen zur interdisziplinären Bildwissenschaft. In: Sachs-Hombach, Klaus (Hg.) (2005a): Bildwissenschaft. Disziplinen, Themen, Methoden. Frankfurt/Main. 11-20.

Sachs-Hombach, Klaus (Hg.) (2005d): Bildwissenschaft zwischen Reflexion und Anwendung. Köln.

Sachs-Hombach, Klaus (2006): Das Bild als kommunikatives Medium. Elemente einer allgemeinen Bildwissenschaft. Köln.

Sachs-Hombach, Klaus (Hg.) (2009): Bildtheorien. Anthropologische und kulturelle Grundlagen des Visualistic Turn. Frankfurt/Main.

Sachs-Hombach, Klaus/Schirra, Jörg R. J. (2009): Medientheorie, visuelle Kultur und Bildanthropologie. In: Sachs-Hombach, Klaus (Hg.) (2009): Bildtheorien. Anthropologische und kulturelle Grundlagen des Visualistic Turn. Frankfurt/Main. 393- 426.

Santaella Braga, Lucia (1997): The prephotographic, the photographic and the postphotographic image. In: Nöth, Winfried (Hg.) (1997): Semiotics of the Media: State of the Art, Projects and Perspectives. Berlin/New York. 121-132.

Schelske, Andreas (2005): Soziologie. In: Sachs-Hombach, Klaus (Hg.) (2005a): Bildwissenschaft. Disziplinen, Themen, Methoden. Frankfurt/Main. 257-267.

Schmitt, Julia u. a. (2000): Fotografie und Realität: Fallstudien zu einem ungeklärten Verhältnis. Opladen.

Schmitt, Julia (2000): Fotografie und Realität - Eine Synthese. In: Schmitt, Julia u. a. (2000): Fotografie und Realität: Fallstudien zu einem ungeklärten Verhältnis. Opladen. 147-165.

Schmoll gen. Eisenwerth, J.A. (1952): Objektive und subjektive Photographie. In: Schmoll gen. Eisenwerth, J.A. (1980): Vom Sinn der Photographie: Texte aus den Jahren 1952-1980. München. 11-16.

Schmoll gen. Eisenwerth, J.A. (1955): Vom Sinn der Photographie. In: Schmoll gen. Eisenwerth, J.A. (1980): Vom Sinn der Photographie: Texte aus den Jahren 1952-1980. München. 17-33.

Schmoll gen. Eisenwerth, J.A. (1959): Photographie als Bildgestaltung. Von der Genesis, den Funktionen und den gestalterischen Möglichkeiten der Photographie. In: Schmoll gen. Eisenwerth, J.A. (1980): Vom Sinn der Photographie: Texte aus den Jahren 1952-1980. München. 34-40.

Schmoll gen. Eisenwerth, J.A. (1980): Vom Sinn der Photographie: Texte aus den Jahren 1952-1980. München.

Scruton, Roger (1981): Photography and Representation. In: Critical Inquiry, Vol. 7, Nr. 3 (Frühling 1981), -603.

Sekula, Allan (1982): Vom Erfinden fotografischer Bedeutung. In: Stiegler, Bernd (2010): Texte zur Theorie der Fotografie. Stuttgart. 302-337.

Solomon-Godeau, Abigail (2003): Wer spricht so? Einige Fragen zur Dokumentarfotografie. In: Wolf, Herta et al. (2003): Diskurse der Fotografie. Fotokritik am Ende des fotografischen Zeitalters. Frankfurt/Main. 53- 74

Solomon-Godeau, Abigail (2007): Ontology, Essences, and Photography's Aesthetics: Wringing the Goose's Neck One More Time. In: Elkins, James (Hg.) (2007): Photography Theory. New York. 256-269.

Sontag, Susan (1977): In Platos Höhle. In: Stiegler, Bernd (2010): Texte zur Theorie der Fotografie. Stuttgart. 277-301.

Stiegler, Bernd (2005): Aura. In: Roesler, Alexander/Stiegler, Bernd (Hg.) (2005): Grundbegriffe der Medientheorie. Paderborn. 33-36.

Stiegler, Bernd (2006): Theoriegeschichte der Photographie. München.

Stiegler, Bernd (2010): Texte zur Theorie der Fotografie. Stuttgart.

Swinnen, Johan (2007): Signs That Trigger a Philosophical Response. In: Elkins, James (Hg.) (2007): Photography Theory. New York. 286-299.

Van Gelder, Hilde (2007): The Theorization of Photography Today: Two Models. In: Elkins, James (Hg.) (2007): Photography Theory. New York. 299-304.

Walton, Kendall L. (1984): Transparent Pictures: On the Nature of Photographic Realism. In: Critical Inquiry, Vol. 11, Nr. 2 (Dezember 1984), 246-277.

Wiedemann, Dieter (2005): Bilder im Zeitalter der digitalen Bildbearbeitung: Neue Ästhetiken und verschwundene Wahrheiten? In: Sachs-Hombach, Klaus (Hg.) (2005d): Bildwissenschaft zwischen Reflexion und Anwendung. Köln. 443-456.

Wolf, Herta (2002): Paradigma Fotografie. Fotokritik am Ende des fotografischen Zeitalters. Frankfurt/Main.

Wolf, Herta et al. (2003): Diskurse der Fotografie. Fotokritik am Ende des fotografischen Zeitalters. Frankfurt/Main.

Wolf, Claudia Maria (2006): Bildsprache und Medienbilder. Die visuelle Darstellungslogik von Nachrichtenmagazinen. Wiesbaden.

8 Abbildungsverzeichnis

9 Abstract

Die vorliegende Arbeit befasst sich mit den konstitutiven Wesensmerkmalen des photographischen Bildes. Das Photo ist für die Kommunikationswissenschaft von zentraler Bedeutung. Dennoch werden seine Merkmale meist als unbefragte Voraussetzung hingenommen.

Ausgehend vom Linguistic Turn und Iconic Turn, der Wende zum Sprachlichen bzw. zum Bildlichen, werden die Kommunikationsmedien Text bzw. Bild und ihre komplementären Potentiale untersucht. Daran anschließend wird die Relevanz der Photographie innerhalb der Kommunikationswissenschaft und des Fachbereichs Visuelle Kommunikationsforschung aufgezeigt. Dabei rückt das Photo als Bildkategorie und Medium ebenso in den Focus der Untersuchung wie seine Verwendung in Kommunikationsprozessen. Den Kern der Arbeit bildet die Erforschung der von Walter Benjamin, Roland Barthes und Charles Peirce theoretisierten Aspekte der Photographie. Aus ihnen werden die konstitutiven Wesensmerkmale des photographischen Bildes (Referentialität, Relativität, Subjektivität, Reduktion, Technik) herausgearbeitet. Hierbei findet auch die Digitalisierung Beachtung. Als technische Komponente beeinflusst sie die Produktion, Distribution und Rezeption von Bildern - drei Bereiche, deren Erforschung sich die Kommunikationswissenschaft widmet.

10 Nachwort

„Von der Photographie ist vielleicht eine Theorie möglich (...)."
(Barthes 1979: 97)

Jahrelang habe ich mich intensiv mit Photographie und visueller Kommunikation beschäftigt. Jahrelang haben sie mich beschäftigt. Anstrengende Tage, schlaflose Nächte. Schwirrende Gedanken, geordnete Überlegungen. Ständig auf kleinen Zetteln niedergeschrieben. Gedanken, Überlegungen. Viele davon sind in die vorliegende Arbeit eingeflossen. Und ich bin froh, dass diese Arbeit nun ein Ende hat.

Bei folgenden Personen möchte ich mich an dieser Stelle bedanken:

Bei Prof. Hannes Haas für die Betreuung meiner Magisterarbeit und die persönlichen, erbaulichen Gespräche,

bei Prof. Roland Burkart, der mich während meines Bakkalaureatsstudiums dazu motiviert hat, an der visuellen Kommunikation festzuhalten,

bei meiner Kollegin Daniela Hahn für unentbehrliche Kritik und Unterstützung,

bei Thomas Licek, der mir z. T. sogar während meiner regulären Arbeitszeit das Schreiben ermöglichte und meine Nerven mit Mannerschnitten beruhigte,

bei Ingrid Kröpfl für die Motivation während unserer gemeinsamen Studienzeit, denn ohne sie könnte ich diese Zeilen vermutlich erst in ein paar Jahren verfassen, und

bei meinen Großeltern, die mir auf unterschiedliche Art das Studieren erleichtert haben.

Am meisten möchte ich mich aber bei meinen Eltern bedanken. Sie wissen warum.

Alexander Kamenski

Wien, 2012

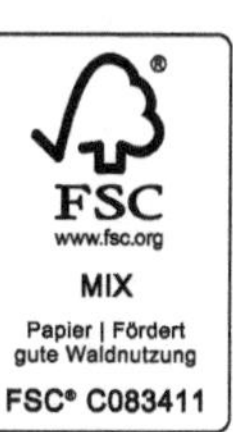

Zeitfracht Medien GmbH
Ferdinand-Jühlke-Straße 7
99095 Erfurt, Deutschland
produktsicherheit@kolibri360.de